Franz Wendel Niehl/Arthur Thömmes • 212 Methoden für den Religionsunterricht

Franz Wendel Niehl / Arthur Thömmes

# Methoden
## für den
# Religionsunterricht

Kösel

Dieses Buch fördert Kreativität
und stiftet Ordnung.
Beides betreibt auch Gabriele Miller
seit vielen Jahren.
Ihr widmen wir dieses Buch.

**Mix**
Produktgruppe aus vorbildlich bewirtschafteten
Wäldern und anderen kontrollierten Herkünften
www.fsc.org   Zert.-Nr. GFA-COC-1298
© 1996 Forest Stewardship Council

Verlagsgruppe Random House FSC-DEU-0100
Das für dieses Buch verwendete FSC-zertifizierte Papier
*Munken Print* White  liefert Arctic Paper Munkedals AB, Schweden.

8. Auflage 2006
Copyright © 1998 Kösel-Verlag, München,
in der Verlagsgruppe Random House GmbH
Umschlaggestaltung: Kaselow Design, München
Druck und Bindung: Kösel, Krugzell
Printed in Germany
ISBN-10: 3-466-36507-4
ISBN-13: 978-3-466-36507-4

www.koesel.de

# 212 Methoden
# für den Religionsunterricht

# 3. Im Haus der Sprache

Sprachbezogenes Lernen
im Religionsunterricht

## 4. »Jeder Mensch ist ein Künstler«
Gestalterisches Arbeiten
im Religionsunterricht

## 5. »Hilf mir, es selbst zu tun!«
Methoden offener Arbeit
im Religionsunterricht

## 6. Spielend lernen
Spiele im Religionsunterricht

# Statt eines Vorworts

F.N.
*Das ist ein leichtsinniges Buch. Alle anständigen Leute werden über uns die Nase rümpfen.*

A.T.
Nein, nein, es ist höchste Zeit, dass ein Buch wie dieses erscheint!

*Warum?*

Endlich haben die Lehrerinnen und Lehrer eine kompakte Sammlung von Methoden zur Hand, die sie direkt einsetzen können.

*Aber das ist doch das Problem! Eine Methode muss auch zu einem Thema passen und genauso zu einer bestimmten Klasse und zu einem bestimmten Lehrer. Rezepte für alle Fälle taugen nichts!*

Unser Buch ist doch gar kein Rezeptbuch. Es ist eher ein Steinbruch, in dem jeder suchen und finden kann, was in seiner Situation passt.

*Das ist mir zu pragmatisch. Unser Buch braucht und bietet auch einen roten Faden: Vor jedem Abschnitt steht eine Einführung, die die Leserinnen und Leser auf didaktische Zusammenhänge aufmerksam macht. Zu meinem Leidwesen sind diese Einführungen alle zu kurz.*

Das muss aber so sein. Sonst hätten wir nicht Platz genug für die vielen Methoden, die wir unseren Leserinnen und Lesern vorstellen wollen. Unserer Buch will eine breite Palette davon anbieten: Umgang mit Bildern, Liedern und Texten, Gestaltungsaufgaben und Spiele, meditative Übungen.

*Und vergessen wir nicht das Kapitel über Offenen Unterricht und Freiarbeit.*

Ja, das ist doch das Tolle: Neue Methoden und alte, Unbekanntes und Gewohntes stehen nebeneinander. Der Anfänger soll viel Brauchbares finden und auch der erfahrene Lehrer soll ermuntert werden, neue Wege zu gehen, seine Routine zu verlassen.

*Aber kann man sich vorstellen, dass irgendjemand dieses Buch von vorne bis hinten liest?*
Um Himmelswillen! Kein Mensch liest ein Lexikon von A bis Z!

*Nur langsam! Wir haben schließlich keinen Brockhaus verfasst, sondern eine biedere Methodensammlung.*

Stimmt. Unser Buch ist eine Fundgrube. Stellen wir uns also vor: Eine Lehrerin plant eine Unterrichtsreihe zum Thema »Gewalt«.

*Da hilft ihr unser neues Buch keinen Schritt weiter. Über Gewalt schreiben wir nichts.*

Das stimmt. Was die Schüler über Gewalt lernen können, steht nicht in unserem Buch. Aber wie sie es lernen könnten. Das steht hier.

*Was heißt das praktisch?*

Nun, die Lehrerin hat das Thema »Gewalt« strukturiert. Sie hat Bilder, Lieder und Texte dazu gesammelt. Und jetzt fragt sie sich: – Wie kommen die Erfahrungen zum Vorschein, die alle Beteiligten schon mit »Gewalt« gemacht haben? – Wie tragen Bilder und Texte dazu bei, dass wir miteinander ins Gespräch kommen?

*Aber das genügt doch nicht. Es geht doch auch um Begegnung mit Inhalten. Um christliche Überlieferungen, die neu bedacht und mit den eigenen Erfahrungen konfrontiert werden sollen.*

Natürlich, aber die Inhalte kann man Schülerinnen und Schülern nicht einfach eintrichtern. Sie wollen entdeckt, erschlossen und reflektiert werden. Und genau dafür braucht man Methoden. Jetzt soll die Lehrerin also unser Buch in die Hand nehmen.

*Nur, wie findet sie sich in einem Buch wie diesem zurecht? Sieht sie vor lauter Bäumen noch den Wald?*

Da gibt es kein Rezept. Der eine wird aufschlagen, blättern und Entdeckungen machen, ein anderer wird systematisch suchen. Schließlich hat unser Buch ein Inhaltsverzeichnis.

*Aber der ideale Leser ist für mich einer, der weiterdenkt. Der die Methoden nur als Anregung nimmt, frei damit experimentiert, bis er herausfindet, was zu seinem Unterrichtsstil gut passt, zu seiner Art, zu denken und zu arbeiten …*

Und vielleicht gewinnt der graue Schulalltag dann ein bisschen Glanz, und es entsteht Lust auf Neues.

*Ja, das wäre schön. Denn zufriedene Lehrerinnen und Lehrer haben zufriedene Schüler.*

**Hinweis:**
Der Einfachheit halber haben wir häufig mit Abkürzungen gearbeitet:
L. = Lehrerin, Lehrer
Sch. = Schülerin, Schüler

# 1. Damit uns die Augen aufgehen

## Bilder im Religionsunterricht

## Vom Nutzen der Bilder

Wir leben im visuellen Zeitalter, ja, in einem multimedialen. Aber lernen wir auch sehen? – Unser Bilderwissen ist ausgedehnt wie nie zuvor. Aber haben wir Zeit genug, uns mit einem Bild vertraut zu machen? – Das Orthodoxe Christentum verehrt das Heilige im Bild; was bedeutet westlichen Christen ihre reiche Bildtradition? – Fragen dieser Art reißen den Horizont auf, vor dem religionspädagogische Arbeit mit Bildern bedacht werden kann. – Konkreter: Wie können wir die Bilderflut eindämmen durch konzentriertes Betrachten? Wie kann der Dialog zwischen Bild und Betrachter zum fruchtbaren Moment im Lernprozess werden? Und nicht zuletzt: Wie können Bilder kreative Prozesse anstoßen, die Schülerinnen und Schüler einladen, den Dialog mit Überlieferungen des Glaubens weiterzuführen und der eigenen Lebensgeschichte auf die Spur zu kommen?

Wer als Religionslehrerin oder als Religionslehrer mit Bildern arbeitet, tut in der Regel etwas, was er nicht gelernt hat. Naturgemäß fehlt den meisten eine kunstpädagogische Ausbildung. Und dann ist die Versuchung groß, mit Bildern oberflächlich, konsumentenhaft umzugehen. Oft sollen Bilder nur ein Einstieg sein oder eine Bestätigung einer These. Dann aber wären sie unter Wert im Religionsunterricht eingesetzt. Glücklicherweise gibt es inzwischen eine reiche Literatur zur Arbeit mit Bildern im Religionsunterricht. Bilder können nämlich eine Glaubensüberlieferung neu interpretieren, sie können anleiten zum theologischen Sehen und sie können jene Schichten der Wirklichkeit aufdecken, in denen wir beheimatet sind.

# Ansätze der Bildbetrachtung

Das Verstehen eines Bildes ist ein grundsätzlich unabschließbarer Vorgang. Man kann sich die Bildinterpretation als eine offene Spiralbewegung vorstellen, in der das Gespräch zwischen Bild und Betrachter zunehmend an Intensität und Sicherheit gewinnt. – Für den religionspädagogischen Hausgebrauch kann man zwei grundlegend verschiedene Zugänge unterscheiden:

- den Dialog zwischen Betrachter und Bild, d.h. die bildimmanente Interpretation;

- kontextuelle Bildauslegungen, d.h. jene Auslegungsansätze, für die man Informationen braucht, die dem Bild selbst nicht entnommen werden können.

# Dialog: Betrachter – Bild

- Zunächst wirkt das Bild unmittelbar auf den Betrachter.
  Der *erste Eindruck* kann schon den Ansatz zu einer Interpretation enthalten, zumindest aber lässt sich die emotionale Wirkung benennen, die das Bild beim Betrachter auslöst.

- Dieser Eindruck wird erweitert – das heißt auch: bestätigt oder korrigiert – durch die *formale Analyse* des Bildes:

  - Was geschieht auf dem Bild? Oder was ist alles auf dem Bild zu sehen? (Bildhandlung; Bildelemente; Vordergrund – Hintergrund; Zentrum – Rand ...)

  - Welche Beziehungen gibt es zwischen den einzelnen Bildelementen? Wie ist das Bild aufgeteilt, gegliedert? (Achsen, Symmetrie, Größenverhältnisse, große und kleine Flächen; hell – dunkel; runde und eckige Formen; Größenverhältnisse ...)

  - Welche Farben werden verwendet? Wie wirken sie zusammen?

  - Welche Farbkontraste bestimmen das Bild?

  - Welche Raumwirkung erzeugt das Bild? Ist es eher flächig, zweidimensional? (Raumtiefe, Perspektive, Fluchtpunkt, Horizont ...)

  - Wirkt das Bild eher dynamisch oder eher statisch? Wodurch entsteht Bewegung, wodurch Ruhe im Bild?

- Aus solchen Beobachtungen lässt sich der *Gesamteindruck* des Bildes erfassen:

  - Welche Wirkung ergibt sich aus dem Zusammenspiel der beobachteten Bildeindrücke?

  - Welche Wechselbeziehung entsteht zwischen dem Betrachter (seiner Lebenswelt, seinen inneren Bildern) und dem Ensemble des Bildes?

So kann eine *vorläufige Deutung* des Bildes versucht werden, in der formale und inhaltliche Einsichten miteinander verknüpft werden.

# Kontextuelle Bildauslegungen

- **Motivgeschichtliche Betrachtungen**
  Fast immer steht ein Bild in einer Motivtradition: der Gekreuzigte, das Abendmahl, die Arche Noah, die Madonna ... – Wenn wir nun motivgleiche Bilder gegenüberstellen, fallen häufig Unterschiede auf, die zugleich Wandlungen der religiösen Wahrnehmung bedeuten. Umgekehrt gilt auch: Weil es bestimmte Motivtraditionen gibt, steht das jeweils jüngere Bild in Konkurrenz zu bisherigen Darstellungsformen. Indem es sich mit diesem Erbe identifiziert oder sich von diesem Erbe abhebt, gewinnt es seinen spezifischen Charakter.

- **Politisch-soziale bzw. sozialgeschichtliche Interpretation**
  Bilder sind Spiegel und Widerspruch zu erlebter Wirklichkeit. Die politischen Verhältnisse (z.B. Kaiserreich, Weltkriege, Wirtschaftskrise, Nazi-Herrschaft ...) dringen ein in bildliche Darstellungen. Häufig wird in sozialgeschichtlicher Interpretation religiöser Bilder die Welthaftigkeit des Glaubens geradezu greifbar.

- **Biographische Interpretation**
  Bilder sind – in unterschiedlichem Maß – auch Selbstdarstellung des Künstlers. Nicht nur sein Weltbild, auch seine Lebensgeschichte dringen in das Bild ein. Wenn der Betrachter weiß, in welcher lebensgeschichtlichen Situation, in welcher Krise vielleicht, ein Bild entstanden ist, kann er neue Aspekte entdecken.

- **Psychologische Interpretation**
  Wie spiegeln Bilder seelische Konflikte? – So lautet die Leitfrage psychologischer Bildinterpretation. Bewusste gegen unbewusste Kräfte der Seele, triebhafte Energien gegen ichhafte Strebungen, infantile Wünsche gegen emanzipatorische Kraft des Menschen – diese und andere Antagonismen kann man in der Konstellation von Bildern wiederfinden. So fällt es nicht schwer, im Kampf Georgs mit dem Drachen den Sieg der Ichhaftigkeit über die Cha-

oswelt der Triebe zu sehen. Auch Bilder des Auferstandenen können als Überwindung der Todestriebe durch den reifen, mit sich selbst identischen Menschen gesehen werden. – Der Gewinn solcher Interpretationen leuchtet ein. Der Betrachter kann seine eigenen Konflikte im Bild wiedererkennen und zugleich eine religiöse Interpretation seelischer Erfahrungen entdecken.

- **Geistes- bzw. glaubensgeschichtliche Interpretation**
  Bilder atmen das Lebensgefühl ihrer Entstehungszeit. Verschiebungen des Weltbilds markieren sie oft einleuchtender und umfassender, als kluge Theorien es können. Daher lassen sich Bilder auch auslegen als Stationen der Geistes- und der Glaubensgeschichte.

# »Ich sehe was,
# was du nicht siehst«

| | |
|---|---|
| Eignung: | Anleitung zur sorgfältigen Detailbetrachtung |
| Alter: | 8-12 Jahre |
| Dauer: | 10 Minuten |
| Beschreibung: | Das bekannte Spiel wird als lockerer Wettbewerb durchgeführt: |
| | Eine Sch. oder ein Sch. umschreibt schrittweise ein Bildelement; wer es errät, darf weiterfragen. |
| | Die Methode eignet sich bei Bildern, die viele Elemente enthalten (z.B.: Breughel, Babelturm) |
| Hinweis: | Das Spiel wird schnell lebhaft. Ein Schiedsrichter könnte manchmal hilfreich sein. |

# »Bilddetektive«

| | |
|---|---|
| Eignung: | Fördert die genaue Beobachtung und die Aufmerksamkeit für Details |
| Alter: | für alle Altersstufen |
| Dauer: | 5-20 Minuten |
| Beschreibung: | • Die Sch. erhalten eine Schablone, die das Bild teilweise verdeckt und nur einen kleinen Bildausschnitt freilässt. Mit dieser Schablone sollen sie das Bild erkunden. |
| | • Variante: Durch Suchaufträge wird die Entdeckung gelenkt (z.B.: Schaut euch mit der Schablone die Gesichter an!) |
| | • Die Schablone kann – vor allem bei älteren Schülern – aus zwei rechtwinkligen Pappwinkeln bestehen, die beweglich bleiben, sodass der Ausschnitt länger oder weiter sein kann. |
| Hilfsmittel: | Pappe, evtl. Schere |

# Bildbefragung

| | |
|---|---|
| **Eignung:** | Einstimmung in das Bild; Vorbereitung der Interpretation |
| **Alter:** | ab 10 Jahre |
| **Beschreibung:** | Zwei oder drei Sch. werden aufgefordert, Fragen an ein Bild zu stellen. Dies tun sie abwechselnd, bis sie ihr Fragebedürfnis bzw. ihre Phantasie erschöpft sind. |
| **Hinweise:** | Ausdrücklich geht es hier nicht um Antworten, sondern nur um Fragen: Neugierde, Aufmerksamkeit, Problembewusstsein sollen geweckt werden. |

Zu dieser Methode sind mehrere Varianten möglich:

~ L. stellt die Fragen;

~ Fragen werden als Wandzeitung präsentiert;

~ (In Partnerarbeit) sammeln Sch. Fragen, schreiben sie auf Karton und kleben sie an die Wand.

Für diese Methode gilt: Wer nichts sieht, kann auch nicht fragen. Je erfahrener Sch. im Umgang mit Bildern werden, umso ergiebiger werden solche Bildbefragungen.

Hilfreich sind deshalb am Anfang Bilder, die provokativ wirken und unmittelbar Fragen anstoßen.

# Gelenkte Bildbeschreibung

| | |
|---|---|
| Eignung: | Hinführung zum aufmerksamen Betrachten |
| Alter: | 8–12 Jahre |
| Dauer: | 15–20 Minuten |
| Beschreibung: | Die Sch. erhalten einen Lückentext, in dem das Bild beschrieben ist. Sie können den Text nur vervollständigen, wenn sie das Bild genau anschauen. |
| Variante: | Statt des Lückentextes werden Fragen zum Bild gestellt, auf die die Schüler schriftlich antworten. |
| Hinweis: | Die Methode kann eine Hinführung zur Bildinterpretation sein. Es besteht aber die Gefahr, dass der Lückentext sich als Rätselaufgabe verselbstständigt. Deshalb erfordert die Interpretation des Bildes einen weiteren Schritt. |

# Interview mit dem Bild

| | |
|---|---|
| Eignung: | Problemgehalt eines Bildes bzw. seiner Entstehungsgeschichte erfassen |
| Alter: | 14–18 Jahre |
| Dauer: | 15–30 Minuten |
| Beschreibung: | Ein oder mehrere Sch. stellen Fragen an das Bild; »Experten« antworten. |
| Hinweise: | L. kann Interviewpartner sein, aber auch Sch., die sich gründlich mit dem Bild befasst haben, oder ein Kunsterzieher. |
| | Das Bild muss entweder durch seinen Inhalt oder durch seine Rätselhaftigkeit Anstoß zum Fragen geben. |

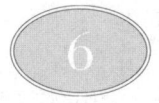

## Verzögerte Bildbetrachtung

| | |
|---|---|
| Eignung: | Fördert die genaue Wahrnehmung, besonders bei vielschichtigen und detailreichen Bildern |
| Alter: | 6–18 Jahre |
| Beschreibung: | Von einem größeren Bild wird zunächst nur ein Ausschnitt oder ein Detail vorgestellt und betrachtet. Schrittweise wird so das ganze Bild erschlossen. |
| Varianten: | • Das Detail wird als Einzelbild vorgestellt.<br>• Indem schrittweise Bildsegmente aufgedeckt werden, wird ein Ratespiel veranstaltet:<br>Wer erkennt zuerst, um welches Bild es sich handelt? |
| Hinweise: | Die Methode wird technisch erleichtert, wenn ein Bild mit dem Overhead-Projektor betrachtet wird. Dann kann man mit zwei Winkel-Schablonen praktisch jeden Bildausschnitt auswählen.<br>Das umfangreiche Bildwerk zur Bibel von Jörg Zink geht häufig den Weg vom Detail zum Ganzen. Dort findet man schon die entsprechenden Dias. |
| Literatur: | Zink, Jörg, DiaBücherei Christliche Kunst, Verlag am Eschbach, Eschbach 1981–1988 |

## Details nachzeichnen

| | |
|---|---|
| Eignung: | Förderung der sorgfältigen Wahrnehmung |
| Alter: | 6–18 Jahre |
| Dauer: | 10–20 Minuten |
| Beschreibung: | Nach einer Vorlage werden ein oder mehrere Bildelemente nachgezeichnet (z.B: Hände, das Schiff, ein Kopf, ...). |

| Hinweise: | Anspruchsvoll wird die Aufgabe, wenn das Bild nur kurz gezeigt und betrachtet wird und wenn die Sch. dann aus dem Gedächtnis das betreffende Element nachzeichnen sollen. |

Hinweise:  Anspruchsvoll wird die Aufgabe, wenn das Bild nur kurz gezeigt und betrachtet wird und wenn die Sch. dann aus dem Gedächtnis das betreffende Element nachzeichnen sollen.
Einfacher wird die Arbeit hingegen, wenn (jüngere) Sch. Elemente nach einer Bildvorlage pausen.
In jedem Fall geht es darum, die Erfahrung und den Eindruck zu besprechen.
Es bieten sich weitere Möglichkeiten an:
~ Vervollständigung des Bildes nach eigenen Vorstellungen,
~ Vergleich der Details mit einer Darstellung desselben Motivs in einem anderen Bild (z.B. Arche).

# Bildvergleich

Eignung:  Wandel des Lebensgefühls bzw. des Menschenbilds oder Wandel religiöser Vorstellungen soll wahrgenommen und beurteilt werden
Alter:  8–18 Jahre
Dauer:  10–30 Minuten
Beschreibung:  Die Sch. vergleichen zwei motivgleiche Bilder: Welche Gemeinsamkeiten gibt es? Welche Unterschiede lassen sich entdecken? – Die Beobachtungen werden ausgewertet.
Variante:  Bilder werden nicht im Ganzen verglichen, sondern nur im Hinblick auf ein Teilmotiv oder auf ein wichtiges Detail (z.B. auf Bildern vom Babelturm der Bauzustand).
Drei oder mehr Bilder werden verglichen, die charakteristische Änderungen der Wahrnehmung bzw. des Lebensgefühls anzeigen (z.B. die Gestaltung von Adam und Eva in mehreren Bilder, die die Versuchungsszene im Paradies darstellen).
Hinweis:  Die Arbeit mit zwei Diaprojektoren bzw. zwei Overheadprojektoren hilft, wenn die Bilder den Sch. nicht zur Verfügung stehen.

# Bildmeditation

| | |
|---|---|
| Eignung: | Einstimmung zu Beginn einer Stunde oder als Ruhe-punkt in einer Unterrichtsreihe |
| Dauer: | 5-10 Minuten |
| Beschreibung: | Ein Bild wird ausgehändigt oder als Dia bzw. Folie projiziert. Dazu spricht die Lehrerin/der Lehrer Im-pulse zur Meditation. |
| Varianten: | • Sch. entwerfen den Meditationstext.<br>• Nach einiger Erfahrung mit der Methode wählen Sch. selbst Bild und Meditationstext aus. |

# Schreibmeditation

| | |
|---|---|
| Eignung: | Fördert Auseinandersetzung und Problemklärung |
| Alter: | 14-18 Jahre |
| Dauer: | 15-20 Minuten |
| Beschreibung: | Sch. betrachten (in Gruppen) schweigend ein Bild. Wer zuerst seinen Eindruck äußern möchte, schreibt einen Satz auf ein Blatt und reicht das Blatt an seinen Nachbarn weiter, der seinerseits seinen Eindruck no-tiert bzw. zur Notiz auf dem Blatt Stellung nimmt. So wandert das Blatt im Kreis, bis keiner mehr etwas ein-tragen möchte. |
| Hinweise: | Die Eindrücke können auch auf einer Wandzeitung bzw. auf der Tafel notiert werden (weniger diskret als der Austausch in der Gruppe).<br>Besondere Aufmerksamkeit erfordert die Auswertung. Man kann an die Schreibphase eine Gesprächsrunde in der Gruppe anschließen oder eine Auswertung im Klassenunterricht. |

## Vergleich Bild – Text

| | |
|---|---|
| **Eignung:** | Vertiefte Auseinandersetzung mit einem (biblischen) Text |
| **Alter:** | alle Altersstufen |
| **Dauer:** | 5-10 Minuten |
| **Beschreibung:** | Nach einer Analyse des Bildes wird das Verhältnis zwischen Bild und Text geklärt: |

- Welche Szene stellt das Bild dar? (Warum diese?)
- Welche Informationen gibt das Bild, die der Text nicht enthält? (Was bedeutet das?)
- Wie legt das Bild den Text aus?

Diese Methode ist besonders fruchtbar, wenn die Sch. vorher selbst ein Bild zum (biblischen) Text gestaltet haben. Dann können sie auch ihre Lösungen (und ihre Vorentscheidungen) in das Gespräch einbeziehen.

## Bilder nachstellen

| | |
|---|---|
| **Eignung:** | Den Stimmungsgehalt eines Bildes durch Inszenierung erfassen |
| **Alter:** | alle Altersstufen |
| **Dauer:** | 10-60 Minuten |
| **Beschreibung:** | |

- Das Bild wird betrachtet; Schwerpunkt der Aufmerksamkeit: Gesichtsausdruck, Haltung und Körpersprache der dargestellten Personen.
- Eine entsprechende Anzahl von Sch. stellt – unter Anleitung eines »Regisseurs« – das Bild nach (evtl. mehrfach).
- Die Darsteller, Regisseure und Betrachter berichten von ihren Eindrücken.

| | |
|---|---|
| **Hinweise:** | Die Methode kann ausgeweitet werden zum fächerübergreifenden Projekt: Ein großes Bild mit vielen Personen wird dargestellt – und (im Ansatz) werden Landschaft/Mobiliar und Kostüme dem Bild entsprechend gestaltet (z.B. Abendmahl). |

 **Bilder ausmalen**

| | |
|---|---|
| Eignung: | Förderung der Konzentration und des Farbempfindens |
| Alter: | 8–18 Jahre |
| Dauer: | 10–30 Minuten |
| Beschreibung: | Eine Schwarz–Weiß-Vorlage wird farbig ausgemalt. Als Vorlagen eignen sich Holzschnitte und Kupferstiche, aber auch Mandalas und Umrisszeichnungen farbiger Bilder. |
| Hinweise: | Diese Methode steht bei Kunsterziehern nicht in hohem Ansehen, da sie auf den ersten Blick keine kreativen Prozesse auslöst. Misstrauisch gegenüber dieser Einschätzung macht aber die Begeisterung, mit der Kinder und Jugendliche ausmalen. – Die Methode kann auch durchaus anspruchsvoll sein: |

  ~ Aufforderung, Farben bewusst auszuwählen, damit die Bildaussage vertieft wird.
  ~ Das Ausmalen eines Mandala schafft Stille und Konzentration.
  ~ Wenn eine Umrisszeichnung zu einem nicht bekannten Bild ausgemalt wird, wird die spätere Betrachtung des farbigen Bildes vorbereitet.

| | |
|---|---|
| Hilfsmittel: | Bildvorlagen, Malstifte; für anspruchsvollere Aufgaben auch Wasserfarben |

# Vorbereitete Bildauslegung

| | |
|---|---|
| Eignung: | Förderung kontextuellen Bildverstehens |
| Alter: | keine Altersbegrenzung |
| Dauer: | 10-30 Minuten |
| Charakteristik: | L. stellt den biographischen oder kulturgeschichtlichen Zusammenhang dar, in dem ein bestimmtes Bild entstanden ist. Danach interpretieren die Sch. das Bild mit Hilfe dieser Informationen. |
| Varianten: | 1. Die Information wird medial mitgeteilt: Text, besser in jedem Fall: Tonaufnahmen, Video.<br>2. Einige Sch. erarbeiten – als Hausaufgabe – die biographischen bzw. kulturgeschichtlichen Zusammenhänge und teilen sie der Klasse mit. |

# Ergänzungscollage

| | |
|---|---|
| Eignung: | Fördert die Auseinandersetzung mit einem Bild |
| Dauer: | 30-60 Minuten |
| Beschreibung: | Ein Bild (oder ein Bildausschnitt) wird auf einen großen weißen Karton geklebt. Durch Malen und Kleben stellen Sch. eine neue Bildumgebung her. |
| Hinweis: | Besonders interessant ist die Konfrontation eines traditionellen Motivs mit heutiger Wirklichkeit.<br>Beispiel: Ein Holzschnitt von der Heimkehr des verlorenen Sohns aus einer alten Bibel erhält einen zeitgenössischen Kontext.<br>Da die Aufgabe viel Zeit erfordert, eignet sie sich für Partnerarbeit oder auch als Hausaufgabe. |

# Bilder ergänzen

| | |
|---|---|
| **Eignung:** | Herausforderung der eigenen Kreativität und Vorbereitung einer intensiven Bildbetrachtung |
| **Alter:** | für alle Alterstufen |
| **Dauer:** | 20–45 Minuten |
| **Beschreibung:** | Ein Bildsegment oder ein Bildelement wird den Sch. ausgehändigt mit der Aufforderung, daraus ein vollständiges Bild zu gestalten. |
| | Ebenso kann ein Bild mit markanten Lücken ausgehändigt werden, die von den Sch. gefüllt werden sollen. Abschließend können die Schülerarbeiten mit der jeweiligen Vorlage verglichen werden. |
| **Hinweis:** | Bei diesen – wie bei ähnlichen Aufgaben – geht es nicht um einen Wettbewerb mit dem Original. Vielmehr haben die Schülerarbeiten ihr eigenes Gewicht. |

# Bildauswahl

| | |
|---|---|
| **Eignung:** | Ermutigung zur Wertung und zur persönlichen Stellungnahme |
| **Alter:** | 6–18 Jahre |
| **Dauer:** | 15–60 Minuten |
| **Beschreibung:** | Aus einer Sammlung von Bildern suchen Sch. diejenigen aus, die ihnen am ausdrucksvollsten bzw. am angemessensten erscheinen, z.B.: |
| | Aus mehreren Darstellungen des Kampfes zwischen David und Goliath diejenige auswählen, die am besten ausdrückt, worum es in der biblischen Erzählung geht; oder: Aus vielen Bildern eines auswählen, das am besten ausdrückt, was »Glück« ist. – Die Entscheidung für ein Bild wird den anderen erläutert. |
| **Variante:** | Sch. tragen selbst die entsprechenden Bilder zusammen. |

| | |
|---|---|
| Hinweis: | Wenn man öfter mit dieser Methode arbeitet, ist es hilfreich, sich eine »Bildkartei« anzulegen: Großformatige Bilder, die man in Illustrierten, Prospekten usw. findet, werden in Klarsichtfolien gesammelt. So stellt man sich einen Fundus selbst zusammen, der vielfältige Anstöße für Gespräche gibt. |

## Bildtitel suchen

| | |
|---|---|
| Eignung: | Der Impuls, den ein Bild auslöst, bzw. seine Identifikationsmöglichkeiten werden bewusst gemacht und geklärt |
| Alter: | 8–18 Jahre |
| Dauer: | 5–15 Minuten |
| Beschreibung: | Die Sch. suchen – evtl. in Gruppenarbeit – mehrere Titel für ein Bild und entscheiden sich für den nach ihrer Meinung besten. Gegenüber der Klasse begründen sie ihre Wahl. |
| Variante: | Titelvorschläge werden vorgegeben. Die Sch. wählen den zutreffendsten Titel aus. |

# Kunstausstellung

| | |
|---|---|
| **Eignung:** | Förderung des Qualitätsbewusstseins, der ästhetischen Wahrnehmung und der Motivation |
| **Alter:** | für alle Altersstufen |
| **Dauer:** | mehrere Stunden |
| **Beschreibung:** | Die Erträge einer Unterrichtsreihe oder eines Projekts werden in Bildern festgehalten und präsentiert. Als Räume eignen sich: Klassenraum, Flure, Treppenhäuser und Foyer der Schule usw. Inhaltlich sind der Phantasie kaum Grenzen gesetzt. – Einige Beispiele: |

~ Grundschulkinder malen Bilder von Gott, und ihre Darstellungen werden auf Stellwänden präsentiert und Eltern vorgestellt.

~ Eine Foto-AG nimmt Christophorus-Darstellungen an Häusern und den Kirchen der Region auf und präsentiert sie im Treppenhaus der Schule.

~ Eine Lerngruppe malt Szenen der Josephs-Erzählung und schmückt damit ihre Klasse.

| | |
|---|---|
| **Hinweis:** | Kunstausstellungen brauchen Publikum. Daher sollte man bei der Planung auch überlegen, welche Möglichkeiten sich bieten bzw. wie Gäste eingeladen werden können. Die Methode eignet sich besonders für fächerübergreifende Zusammenarbeit: Sachkunde, Kunstunterricht, Werken. |

## Unser Leporello

| | |
|---|---|
| **Eignung:** | Vertiefung und Veranschaulichung einer längeren Erzählung |
| **Alter:** | 8–12 Jahre |
| **Dauer:** | eine oder zwei Stunden |
| **Beschreibung:** | Eine längere Erzählung wird als Bilderfolge gestaltet: |

- In einem ersten Schritt werden die Szenen, die gemalt werden, aufgeteilt.
- Dann wird die Gestaltungsform festgelegt (Größe der Bilder; Maltechnik; Materialien ...).
- Arbeitsteilig werden die Bilder in Gruppen wie vereinbart gemalt.
- Das Leporello/die Leporellos werden zusammengeklebt, mit Einband und Band versehen.

Es eignen sich besonders etwa die biblischen Erzählungen von Joseph in Ägypten, von Jona, von David.

~ Als Gemeinschaftsarbeit kann ein »Riesenleporello« angefertigt werden (großer Pappkarton), das in der Klasse aufgestellt wird.

~ Zusammenarbeit mit dem Kunstunterricht bietet sich an.

| | |
|---|---|
| **Hilfmittel:** | Pappe oder Malpapier, Stifte, Klebestreifen, Band |

## Pro-und-Contra-Debatte

| | |
|---|---|
| **Eignung:** | Der Streitwert eines Bildes wird bewusst gemacht, eventuell auch die Berechtigung irritierender Darstellungsweisen und die Berechtigung unterschiedlicher Wahrnehmungen und Urteile |
| **Alter:** | 12–18 Jahre |
| **Dauer:** | 15–30 Minuten |

Beschreibung: Ein Bild, das starke Emotionen auslöst, wird vorgestellt; einzelne Schülerinnen und Schüler äußern sich zu der Frage: Warum ich das Bild gut finde! – Andere zu der Frage: Warum ich das Bild schlecht finde! – Sie begründen ihre Urteile und die Klasse stimmt anschließend ab, ob das Bild gut oder schlecht ist.

Varianten: 1. Im Klassenunterricht werden Pro-und-Contra-Argumente auf Wandzeitungen zusammengestellt und danach wird diskutiert.

2. Die Pro-und-Contra-Debatte wird regelrecht inszeniert: Zuerst äußert sich die Pro-Partei dann die Contra-Partei. Die Klasse hat jeweils Rückfragerecht und stimmt dann ab.

3. Als Hausaufgabe arbeitet je ein Pro-und-Contra-Anwalt ein Plädoyer aus und trägt es zu Beginn der der Debatte vor.

Hinweis: In jedem Fall ist es gut, dass die Phasen »Plädoyer«, »Diskussion« und »Abstimmung« klar getrennt sind. – Wie in der entsprechenden Fernsehsendung kann man auch eine Abstimmung vor den Plädoyers durchführen und so den Stimmungswandel festhalten. Das Bild, das auf diese Weise besprochen wird, muss schockieren. Dabei kann es durchaus sein, dass Lehrerinnen und Lehrer eine andere Vorstellung von schockierenden Bildern haben als Sch. (In den letzten Jahren gab es mehrfach irritierende Darstellungen der Abendmahlsszene. In starken Verfremdungen religiöser Motive könnte – zumindest für L. – eine schockierende Wirkung liegen. – Andere Themen, die stark irritieren können: Darstellung von Gewalt, Tod, Sexualität. )

# Steckbrief

| | |
|---|---|
| **Eignung:** | Fördert Bildgedächtnis und dient der immanenten Wiederholung |
| **Alter:** | 8-13 Jahre |
| **Dauer:** | 10-15 Minuten |
| **Beschreibung:** | Aus einer größeren Anzahl von Bildern (z.B. Bilder im Schulbuch) wird – ein bereits bekanntes – Bild vorgestellt. Es werden (weniger wichtige) Details zur Entstehungsgeschichte, zum Bildinhalt etc. genannt. Die Schüler spielen Detektive: sie raten aufgrund der Hinweise, welches Bild gemeint ist. |
| **Varianten:** | 1. Die verhüllende Beschreibung (»der Steckbrief«) wird schriftlich ausgehändigt.<br>2. Verschiedene Steckbriefe werden gleichzeitig in Einzel- oder Partnerarbeit bearbeitet.<br>3. Das Spiel wird als Wettbewerb gestaltet. |

# Bilddialoge

| | |
|---|---|
| **Eignung:** | Fördert Identifikation und Auseindersetzung |
| **Alter:** | 8-14 Jahre |
| **Dauer:** | 10-40 Minuten |
| **Beschreibung:** | Zu einem Bild, das zwei oder drei Personen in einer exemplarischen Konstellation zeigt (z.B. Eltern – Kind; Mächtiger – Unterlegener ...), erarbeiten die Sch. einen fiktiven Dialog zwischen den Personen. Der Dialog wird danach vorgelesen oder auch szenisch nachgestellt. |
| **Varianten:** | 1. Statt des Dialogs werden Sprechblasen gefüllt und in das Bild eingeklebt.<br>2. Nachdem die schriftliche Fassung im Unterricht er-arbeitet wurde, werden einige Sch. gebeten, ihren Dialog auf einen Kassettenrecorder zu sprechen und in der nächsten Stunde der Klasse vorzuspielen. |

| | |
|---|---|
| Hinweis: | Entscheidend für das Gelingen ist die Bildauswahl. Es muss eine Szene sein, in der die Sch. Konstellationen ihres Lebens wieder entdecken. |

## Interpretation nach Leitfragen

| | |
|---|---|
| Eignung: | Fördert sorgfältige Wahrnehmung und begünstigt reflektiertes Urteil |
| Alter: | 10–18 Jahre |
| Dauer: | 5–20 Minuten |
| Beschreibung: | Durch vorbereitete Fragen wird der Blick der Sch. gelenkt und werden Interpretationsmöglichkeiten erschlossen. |
| Varianten: | Die Leitfragen werden angeschrieben bzw. mit dem Overhead-Projektor projiziert oder auf einem Blatt ausgehändigt. Anschließend Stillarbeit. |
| Hinweis: | Da diese Methode im konventionellen Unterricht gut beheimatet ist, sollte sie nicht zu oft eingesetzt werden; sie führt sonst zur Ermüdung. |

## Weitermalen

| | |
|---|---|
| Eignung: | Weckt bei problemhaltigen Bildern Phantasie für Konfliktlösungen. |
| Alter: | 8–12 Jahre |
| Dauer: | 15–30 Minuten |
| Beschreibung: | Sch. werden aufgefordert, zu einem Bild oder zu einer Bildsequenz das darauf folgende Bild zu malen: Wie könnte die Geschichte jetzt weitergehen? |
| Varianten: | 1. Statt eines Bildes wird eine gemalten Kurzgeschichte bzw. eine Sequenz von Comic-Bildern vorgestellt, die ergänzt wird. |
| | 2. Das »Weitermalen« beschränkt sich auf das Ausfüllen der Sprechblasen des letzten Bildes. |

33

| Hinweis: | Geeignet sind für diese Methoden auch die Bildge- |
| | schichten von O.E. Plauen und die Peanuts-Geschich- |
| | ten. |

## Bilder vorstellen

| Eignung: | Fördert das Problembewusstsein; erleichtert den Zu- |
| | gang zu einem neuen Thema |
| Alter: | 13-18 Jahre |
| Dauer: | 10-20 Minuten |
| Beschreibung: | Zu einem Thema, das für die Sch. von persönlichem |
| | Interesse ist, dürfen sie ein Bild mitbringen. Sie stellen |
| | es der Klasse vor und begründen dabei auch ihre Aus- |
| | wahl. |
| Varianten: | 1. Sch. stellen Fotos vor, die sie selbst gemacht haben. |
| | 2. Aus einer Bildkartei werden im Unterricht die ent- |
| | sprechenden Bilder ausgesucht. |

## Interviews über ein Bild

| Eignung: | Fördert vertiefte Wahrnehmung und ermöglicht per- |
| | sönliche Stellungnahme. Geeignet als Eröffnung einer |
| | Reihe; unterstützt die Situationsanalyse |
| Alter: | 8-18 Jahre |
| Dauer: | 5-10 Minuten |
| Beschreibung: | Der Lehrer schlüpft in die Rolle eines Reporters: |
| | Er ist mit einem Aufnahmegerät (Kassettenrekorder) |
| | ausgerüstet und befragt die Sch. zu dem Bild, das sie |
| | zuvor still betrachtet haben. Anschließend wird das In- |
| | terview abgespielt. Die Interviewpartner und die Klas- |
| | se können dazu Stellung nehmen. |
| Varianten: | 1. (Ältere) Sch. können die Rolle des Interviewers |
| | übernehmen; sie sollten das vorher wissen und sich |
| | auf das Interview vorbereiten können. |

2. Der Interviewte konnte sich auf die Befragung vorbereiten und sich Zusatzinformationen über das Bild besorgen.

3. Das Interview wird außerhalb des Unterrichts aufgenommen und der Klasse vorgespielt; erst danach wird das Bild betrachtet.

4. Die Sch. interviewen in der Schule oder zu Hause andere Personen.

**Hinweise:** Der Erfolg der Methode ergibt sich aus der Faszination der Technik und aus der Inszenierung. Die Befragung gibt dem Sch. einen höheren Rang: Seine Meinung ist wichtig. Im Allgemeinen muss das Interview von der Lehrkraft sorgfältig vorbereitet werden. Man soll darauf achten, dass auch offene Fragen gestellt werden, die Spielräume für Stellungnahmen und persönliche Urteile eröffnen. Da das Interview eine anspruchsvolle Tätigkeit ist, bewältigen Sch. diese im Allgemeinen erst, wenn die Lehrkraft es ihnen vorgemacht hat.

# Bildbearbeitung

**Eignung:** Fördert die Kreativität und zugleich die Auseinandersetzung mit einem Thema

**Alter:** 12–18 Jahre

**Dauer:** 20–40 Minuten

**Beschreibung:** In ein fertiges Bild werden durch Malen oder Kleben neue Bildelemente eingefügt.

**Varianten:** 1. Man verständigt sich mit den Sch. über die Intention der Bearbeitung.

2. Die Form der Bearbeitung wird vereinbart (z.B. Übermalen; oder: Collagieren mit Elementen aus dem Schulalltag usw.)

# Motivverfremdung

| | |
|---|---|
| Eignung: | Konfrontation von Überlieferung und heutiger Lebenswirklichkeit |
| Alter: | 13–18 Jahre |
| Dauer: | 20–40 Minuten |
| Beschreibung: | Ein Kernstück des Bildes wird ausgeschnitten und in eine neue Bildumgebung eingefügt. |
| Hinweise: | 1. Das Verfahren kann von einer traditionellen Darstellung ausgehen, die in eine zeitgenössische Bildumgebung eingepflanzt wird – und ebenso umgekehrt: Elemente heutiger Bildwelten werden in traditionelle Bilder eingefügt (z.B. Mariendarstellungen in die Welt der modernen Frau; die Versuchung Jesu heute; moderne Liebespaare ins Paradies etc.). 2. Die Methode eignet sich gut für Partnerarbeit. Geeignetes Material ist dabei entscheidend. |

# Konturen ausmalen

| | |
|---|---|
| Eignung: | Fördert die Fähigkeit, Farben und ihre Wirkung wahrzunehmen |
| Alter: | 6–12 Jahre |
| Dauer: | 5–15 Minuten |
| Beschreibung: | Von einem farbigen Bild erhalten die Schüler eine Konturenskizze. Diese sollen sie ausmalen. Die verschiedenen Arbeiten werden verglichen und ihre unterschiedliche Wirkung besprochen. Zuletzt wird das Original herangezogen und die Wirkung der Farben wird besonders sorgfältig betrachtet. |

| | |
|---|---|
| Variante: | Mit verschiedenen Computerprogrammen lassen sich inzwischen Bilder bearbeiten. Sch. oder L. können auf diese Weise die Farbkomposition eines Bildes verändern. Dieses manipulierte Bild wird dann mit dem Original verglichen. |
| Hinweis: | Wichtig ist auch hier die Bildauswahl. Die Methode eignet sich nur bei Bildern, die deutlich in Farbfelder gegliedert sind. |

# Farben malen

| | |
|---|---|
| Eignung: | Hinführung zu Bildern, die aus dem Zusammenspiel markanter Farben leben; stärkt die Fähigkeit, die Ausdrucksqualität von Farben wahrzunehmen |
| Alter: | 8-14 Jahre |
| Dauer: | 5-15 Minuten |
| Beschreibung: | Die Sch. sollen ein Bild aus vorgegebenen Farben malen. (Diese Farben sind in einem Bild enthalten, das den Sch. noch unbekannt ist und als Nächstes betrachtet werden soll.) – Die Wirkung der Farben wird im Unterichtsgespräch geklärt; danach erst wird das Bild vorgestellt. |
| Varianten: | 1. Es werden zuerst monochrome Farbtafeln aufgehängt, die den Farben des Bildes entsprechen.<br>2. Die Flächenanteile werden vorgegeben (etwa: Malt ein Bild, das ungefähr zur Hälfte aus dunklem Rot und je zu einem Viertel aus Schwarz und Hellgrün besteht!). |

# Unterbrochene Bildbetrachtung

| | |
|---|---|
| Eignung: | Anleitung zu sorgfältigem Sehen |
| Alter: | 8-18 Jahre |
| Dauer: | 5-10 Minuten |
| Beschreibung: | Ein Bild wird kommentarlos gezeigt (bzw. über den Overhead-Projektor vorgestellt) und dann weggenommen. Die Sch. äußern spontane Eindrücke und – evtl. durch Impulse unterstützt – ihre Beobachtungen. Dann wird das Bild erneut betrachtet und die bisherigen Äußerungen werden geklärt und vertieft. |
| Variante: | Nachdem das Bild gezeigt wurde, erhalten die Sch. den Auftrag, es aus dem Gedächtnis nachzuzeichnen. |
| Hinweis: | Die Methode dient der Schärfung des Sehens. Wenn Sch. falsche Äußerungen über das Bild machen, so müssen sie nicht korrigiert werden. Es können auch Fragen offen bleiben; sie fördern nachher das sorgfältige Betrachten. |

# Bilddiktat

| | |
|---|---|
| Eignung: | Vorbereitung zu sorgfältigem Betrachten bei Bildern, die klar gegliedert sind |
| Alter: | 10-14 Jahre |
| Dauer: | 5 Minuten |
| Beschreibung: | L. beschreibt langsam ein Bild; dabei werden Komposition und die entscheidenden Bildinhalte anschaulich darstellt. Währenddessen zeichnen die Sch. das Bild mit. Die Ergebnisse werden gesichtet und mit dem Original verglichen. |
| Variante: | Die Sch. erhalten ein Blatt, das schon einige Bildelemente enthält (etwa den architektonischen Rahmen), und sie vervollständigen die Skizze während des Bilddiktats. |

## Bildpuzzle

| | |
|---|---|
| Eignung: | Spielerischer Zugang, der zu vertieftem Sehen anleitet |
| Alter: | 6–14 Jahre |
| Dauer: | 5–10 Minuten |
| Beschreibung: | Ein Bild wird zerschnitten. Die Sch. setzen es wieder zusammen. |
| Variante: | Die Puzzle-Teile sind unvollständig. Die Lücken werden durch Zeichnen ergänzt. |
| Hinweise: | 1. Die Methode eignet sich auch für Partner- und Gruppenarbeit (dadurch wird zugleich die Vorbereitung einfacher, denn es müssen weniger Bilder zerschnitten werden). |
| | 2. Der (religiöse) Anspruch eines Bildes zieht der Methode Grenzen. (Ein Bild des Gekreuzigten eignet sich wohl kaum als Puzzle-Spiel.) |
| | 3. Es gibt inzwischen Bildbearbeitungsprogramme, die es möglich machen, mithilfe des Computers Puzzles herzustellen. |

## Bildentdeckung

| | |
|---|---|
| Eignung: | Anleitung zu sorgfältigem Sehen |
| Alter: | 8–18 Jahre |
| Dauer: | 5 Minuten |
| Beschreibung: | Zwei Sch. sagen abwechselnd, was sie in einem Bild wahrnehmen. Dabei ist es ihnen völlig überlassen, ob sie Farben, Formen, Motive oder Kompositionselemente nennen. Die anderen hören zu und dürfen später die Beobachtungen ergänzen. |
| Variante: | Wird als Brainstorming mit der ganzen Lerngruppe durchgeführt. |

**Hinweis:** Wichtig für diese kreative Analysemethode ist, dass sie weder durch Leitfragen noch durch Kommentare gesteuert wird. Dann verrät die Methode ebenso viel über den Bildeindruck wie über die Lernenden.

## Bildbeschreibung

**Eignung:** Fördert die Aufmerksamkeit für ein Bild
**Alter:** 8-18 Jahre
**Dauer:** 5 Minuten
**Beschreibung:** Ein Sch. erhält ein Bild und berichtet der Klasse, was er darauf sieht. Erst dann wird das Bild ausgeteilt bzw. vorgestellt und interpretiert.

## Reizwort-Aufgabe

**Eignung:** Einladung zur Identifikation und Auseinandersetzung
**Alter:** 12-16 Jahre
**Dauer:** 10-15 Minuten
**Beschreibung:** Ein Bild wird kommentarlos aufgehängt, und stumm schreibt der Lehrer ein Interpretationsstichwort an die Tafel. Die Sch. erhalten den Auftrag, in begrenzter Zeit einen Text zu schreiben, der Beziehungen herstellt zwischen dem Reizwort und dem Bild.
**Variante:** Es werden mehrere »Reizwörter« an die Tafel geschrieben.
**Hinweis:** Die Methode, die Konzentration erfordert, ist besonders hilfreich bei der Arbeit mit Fotos, in denen Sch. ihre Lebenssituation oder ihre Grundstimmung erkennen.

# Mit Karikaturen arbeiten

Karikaturen sind junge Medien im Religionsunterricht. Als unordentliche Kinder der Neuzeit werden sie aber meist recht stiefmütterlich behandelt. Oft dienen sie nur der freundlich-heiteren Garnierung des Unterrichts. Dabei steckt in ihnen mehr:

- Als polemische Zeichnungen helfen sie, Konflikte in Gesellschaft und Kirche deutlicher wahrzunehmen.

- Als gezeichnete Argumente fordern Karikaturen auf, Ideologisierungen und Machtmissbrauch zu durchschauen.

- Als Waffe aus der Hand des Zeichners ergreifen Karikaturen Partei und provozieren eine Stellungnahme des Betrachters.

- Als Symbolbilder machen Karikaturen Wirklichkeit durchsichtig und erschließen tiefere Schichten unseres Lebens.

- Als heiter-ironische Zeichnungen lockern sie auf und lösen Verkrampfungen.

Diese inneren Werte entfalten Karikaturen aber nur, wenn sie auch methodisch angemessene Beachtung finden: Mit und an Karikaturen kann man arbeiten.
Beispielsweise:

- Die sorgfältige Betrachtung einer Karikatur lässt sich thematisch vorbereiten.

- Man kann Karikaturen verzögert betrachten, d.h. man verdeckt oder entfernt Bildelemente, sodass der Blick vom Teil aufs Ganze geht.

- Man kann Karikaturen zunächst in einer veränderten Fassung vorstellen.

- Zu Karikaturen werden Titel gesucht.

- Sprech- und Denkblasen werden ausgefüllt.

- Karikaturen werden umgezeichnet in eine neue Umgebung, in eine neue Situation.

- Über den Wahrheitsgehalt einer Karikatur wird in einem Streitgespräch diskutiert.

Bei vielen dieser Methoden erweist sich ein Tageslichtprojektor als nützliches Hilfsmittel; durch Abdecken und Überzeichnen der Folien wird die Auseinandersetzung mit der Karikatur erleichtert.

# Videoprojekt I (Spielhandlung)

**Eignung:** Weckt kreative Fähigkeiten; fördert Teamgeist; ermöglicht Identifikation und Auseinandersetzung mit Problemen

**Alter:** ab Klassenstufe 8

**Beschreibung:** Die Arbeit am Video hat vier Phasen:

**Klärung des Themas:**
- ~ Brainstorming: Sammeln von Ideen
- ~ Wie soll der Film heißen?
- ~ Exposé: Grobes Konzept, das wesentliche Handlungselemente enthält

**Drehbuch:**
- ~ Gruppenarbeit (arbeitsteilig): Gestaltungsideen, evtl. Beschaffen von Informationen auf der Grundlage des Exposés
- ~ Treatment: Die Handlungsfolge wird schriftlich festgelegt
- ~ Drehbuch: Szenenabfolge (nummeriert), Beschreibung der einzelnen Szenen in drei Spalten: Bild (Was sieht man?), Kamera (Wie wird gefilmt?), Ton (Was hört man?/Was wird gesprochen?)

**Dreharbeiten:**
Auf der Grundlage des Drehbuchs:
- ~ Auswahl der Spieler, Proben
- ~ Festlegung der Drehorte; Herstellen bzw. Besorgen von Kulissen und Requisiten

~ Training der Aufnahmetechnik: Kameraführung, Perspektive, Tonaufnahmen
~ Durchführung der Dreharbeiten

**Filmgestaltung:**
~ Filmmaterial sichten und bewerten
~ Schnittplan erstellen
~ Schnitt, evtl. Nachdrehen, Nachvertonen
~ Gestaltung von Filmtitel und Abspann

# Videoprojekt II (Dokumentation)

Eignung:      Weckt kreative Fähigkeiten; muss als Projekt gründlich geplant und begleitet werden; fördert die Auseinandersetzung mit einem Thema

Alter:        ab Klasse 8

Beschreibung: Mit den Sch. wird das Projekt »Wir machen ein Video über ...« geplant und durchgeführt. Dabei sind zwei Grundsätze wichtig:

- Vor Beginn muss die Lehrkraft die didaktischen Chancen des Projekts vorläufig geklärt haben und sich vergewissern, dass das Thema auch »videogerecht« bearbeitet werden kann.
- In allen Phasen sollen die Sch. die Planung und die Durchführung maßgeblich bestimmen.

Ähnlich wie bei der Spielhandlung lassen sich vier Phasen der Arbeit unterscheiden:

**Klärung des Themas:**
~ Wie heißt unser Film?
~ Worauf kommt es uns an?
~ Welche Absicht haben wir – was soll dem Zuschauer auf jeden Fall deutlich werden?
~ Filmidee wird schriftlich festgehalten

**Erstellung eines Filmskripts:**

~ Sammeln und Strukturieren von Einfällen zur Film-
   idee: Mögliche Szenen, Bilder, Grafiken, Interviews ...
~ Beschaffen von Informationen und Materialien
~ Grobgliederung des Films, evtl. als bewegliche
   Wandtapete
~ Filmskript: Szenen; Drehorte, Interviewpartner,
   Standfotos, Grafiken; Kameraarbeit und Ton; Texte

**Dreharbeiten:**

Was brauchen wir alles? (Requisiten, Technik ...)
Welche Termine müssen vereinbart werden?
Verteilung der Arbeiten: Kamera, Interviews, Regie,
Anfertigen von Schaubildern, Computeranimationen,
Laufschriften, Titel, etc.

**Filmgestaltung:**

~ Sichten, auswerten, Schnitt
~ Nachvertonung
~ Titel und Abspann

In der Vorbereitungszeit ist es hilfreich, wenn einige
Sch. mit dem Medium vertraut gemacht werden. Ide-
al wäre ein Nachmittag oder ein Wochenende, an
dem in die Videotechnik eingeführt wird; oder: Eltern mit Videoerfahrung werden um Beratung gebeten (Vorsicht: am Ende machen die Väter den Film!);
oder: Videos zu Hause anschauen (Schulfernsehen,
Telekolleg ...) und analysieren, wie sie gemacht sind ...

In der Planung geht leicht verloren, welches Ziel die
Arbeit eigentlich hat. Deshalb sollte ab und zu daran
erinnert werden, »worauf es uns ankommt bei diesem
Video«. Entsprechend sind dann auch der Aufbau des
Videos und die Arbeit am Schneidepult zu strukturie-
ren.

Zu Beginn der Dreharbeiten sollte ein Arbeitsschema verabredet sein, aus dem hervorgeht, wer welche Arbeiten übernommen hat und wie die Beiträge koordiniert werden. Das fertige Video braucht Betrachter: Die eigene Klasse, Parallelklassen, ein Elternabend ...

**Literaturhinweise:**

Jürgen Heumann/Monika von Puttkammer, Text oder Bild? – Der Religionsunterricht auf dem Weg zu einem bilderfreundlichen Fach. In: religio 1/90, information zum religionsunterricht, S. 15-24
Margarete Luise Goecke-Seischab/Erhard Domay, Botschaft der Bilder. Christliche Kunst sehen und verstehen lernen am Beispiel von 9 Farbtafeln und 9 Dias, Lahr (Kaufmann) 1990
Margarete Luise Goecke-Seischab, In Farben und Formen, Biblische Texte gestalten. 60 Vorschläge Kösel, München 1993

# 2. Music is my life

## Musik im Religionsunterricht

Musik ist Vielfalt. Sie belebt, sie weckt Aggressionen, sie bringt zur Ruhe und macht nachdenklich. Verliebte versetzt Musik in Träume, und Diktatoren dient sie als Propagandamittel. Was also ist das: die Musik? – Musik ist vielschichtig und widersprüchlich, nicht auf einen Nenner zu bringen. Sicher ist aber, dass Musik Wirkung hat. Sie erzeugt und verstärkt Stimmungen, sie ist Ausdrucksmittel und Betäubungsmittel zugleich.

Wer bis in die zwanziger Jahre hinein Musik hören wollte, musste sie selbst machen oder irgendeine Art von Musikaufführung aufsuchen. Musik gab es nur »live«. Die technische Entwicklung aber hat das Musikleben revolutioniert: Rundfunk, Schallplatten, Musikkassetten, Filme und Fernsehen, CDs und nicht zuletzt der Walkman sorgen dafür, dass Musik heute allgegenwärtig ist. Ja, es fällt immer schwerer, musikfreie Orte und Zeiten zu finden. Und dadurch verändert sich unsere Wahrnehmungsfähigkeit:

* Hören wir wirklich, was wir hören?

* Lassen wir noch Stille zu bei all den Möglichkeiten des Musikkonsums?

* Behält das einzelne Musikstück noch seinen Reiz und seinen Wert?

Durch ihre allgemeine Verbreitung eignet sich Musik als soziales Identifikationsmittel: Es entstehen Wechselwirkungen zwischen den unterschiedlichen Stilrichtungen der Popmusik und den verschiedenen Szenen der Jugendkultur. Musikalische Vorlieben markieren geradezu die Grenzen nicht nur zwischen den verschiedenen Gruppierungen der Jugendlichen, sondern auch zwischen den Generationen. Die Beatles- Generation etwa ist klar getrennt von der Techno- oder Rap-Generation. Musik wird so zum Markenzeichen einer sozialen Gruppe oder einer Generation; sie ist identitätsstiftend, wird zum Gruppenmerkmal. So ist Musik ein Medium, in dem (junge) Menschen sich selbst wieder erkennen. In der Musik können sie sich mit sich selbst und mit ihrer Welt auseinandersetzen.

Ähnlich vielschichtig wie die Musik selbst sind die Chancen, die der Religionsunterricht nutzen kann. Er kann vertraut machen mit alter und neuer religiöser Musik. Er kann zeitgenössische Musik aufgreifen, die das Lebensgefühl der jungen Leute ausdrückt. Dabei lässt sich häufig entdecken, welche Lebensziele jungen Menschen wichtig sind und wie die Liedermacher der Popmusik als moderne Propheten sprechen. Und nicht zuletzt kann der Religionsunterricht die Fähigkeit stärken, Musik intensiv und konzentriert wahrzunehmen.

## Musik ist Geschmackssache

| | |
|---|---|
| Eignung: | Fördert die kritische Auseinandersetzung mit dem eigenen Musikgeschmack und dem anderer Menschen<br>Ermuntert dazu, genauer hinzuhören<br>Einüben von Toleranz |
| Alter: | alle Altersstufen |
| Dauer: | 45 Minuten |
| Beschreibung: | Die Sch. bringen einen Musik- bzw. Liedtitel mit, der sie begeistert und den sie gerne hören. Sie erzählen, warum sie gerade diesen Titel ausgewählt haben, was ihnen an der Musik und dem Text gefällt. |
| Hinweis: | Es sollte deutlich werden, dass es bei dieser Methode nicht um das unkritische Konsumieren von Musik geht. Auch sollten die L. den Kindern und Jugendlichen ihre Musik lassen und das Zensieren vermeiden. Die Methode eignet sich gut zum gegenseitigen Kennenlernen. |
| Variante: | Die Lieder können mit Instrumenten und eigenem Gesang vorgestellt werden. |

## Lieder, die im Ohr bleiben

| | |
|---|---|
| Eignung: | Schaffen eines Gemeinschaftsgefühls<br>Beziehungen zu anderen durch gemeinsames Singen anknüpfen und erleben |
| Alter: | alle Altersstufen |
| Dauer: | 45 Minuten |
| Beschreibung: | Ein Liedheft (z.B. Songbuch des KJG-Verlages) wird ausgeteilt. Kinder, die ein Instrument spielen können, dürfen dies mitbringen und den Gesang musikalisch untermalen. Lieder werden ausgesucht (Wunschparade) und gemeinsam gesungen. |

| Hinweis: | Es sollten nach Möglichkeit nur Lieder gesungen wer- |
| | den, die die Kinder und Jugendlichen mögen, sonst |
| | wird das Singen zur Qual. |
| Variante: | Es werden religiös wertvolle Lieder (Spirituals oder |
| | Oldies wie »Die Erde ist schön«, »Du bist das Licht |
| | der Welt«, ...) gesammelt und gesungen. Eine eigene |
| | Liedblattsammlung kann angelegt und ständig erwei- |
| | tert werden. |

## Musik drückt Gefühle aus

| Eignung: | Darauf achten, welche Gefühle Musik bewirkt |
| | Gefühle erleben und ausdrücken |
| Alter: | alle Altersgruppen |
| Dauer: | 45 Minuten |
| Beschreibung: | Es werden Musiktitel mit unterschiedlichem Rhyth- |
| | mus und verschiedenen Musikstilen (Rock, Pop, Bal- |
| | laden, Techno, Klassische Musik) gespielt. Die Sch. |
| | schließen die Augen und lassen die Musik auf sich wir- |
| | ken. Im Anschluss an die Übung formulieren alle die |
| | Gefühle, die die Musik bewirkt hat (Ruhe, Aggressi- |
| | on, Entspannung). |
| Hinweis: | Es sollte eine behutsame Einführung in die Übung ge- |
| | geben werden (Sitzhaltung, Atmung) |
| Variante: | Die Übung kann auch mit Orff'schen Instrumenten |
| | oder Naturgeräuschen durchgeführt werden. |

# Musik und Bewegung

| | |
|---|---|
| **Eignung:** | Erleben, wie befreiend es sein kann, sich nach der Musik zu bewegen |
| | Ausprobieren, dass ich mit dem Körper nachempfinden kann, was Musik ausdrückt |
| | Anregung zu phantasievollem Gestalten (Tanz, Bewegung, Gestik, Pantomime) |
| **Alter:** | alle Altersstufen |
| **Dauer:** | 45 Minuten |
| **Beschreibung:** | Die Sch. sollen die Musik, die sie hören, in Bewegungen umsetzen. Dabei werden verschiedene Musikrichtungen und -rhythmen abwechselnd abgespielt. Im Anschluss an die Übung werden die Erfahrungen besprochen. |
| **Hinweis:** | Diese Übung sollte auf Freiwilligkeit beruhen, denn nicht alle haben den Mut, sich frei zu bewegen. Die gewählten Ausdrucksformen sollten auch nicht bewertet werden. |
| **Variante:** | ~ Die Bewegungen richten sich nach dem Text des Liedes (z.B. pantomimische Bewegungen nach einem gesungenen Vater unser). |
| | ~ Der Text wird durch rhythmische Bewegungen des Körpers unterstrichen. |

## Lieder in Szene setzen

| | |
|---|---|
| Eignung: | Fördert die Identifikation mit den Personen bzw. der Handlung eines Liedes |
| Alter: | 6–12 Jahre |
| Dauer: | 20–30 Minuten |
| Beschreibung: | Ein Lied erzählt eine Geschichte aus der Bibel (z.B. von Zachäus, Kain und Abel oder Joseph). Die einzelnen Szenen, die in den Strophen beschrieben werden, werden von Schauspielern nachgespielt. Dabei können auch Gegenstände (z.B. ein Baum) pantomimisch dargestellt werden. |
| Hinweis: | Es ist ratsam, die gesungene Geschichte zunächst zu erzählen und darüber zu reden. Danach werden die Rollen verteilt. Dabei (Wer spielt wen?) wird auch viel über die Charaktere der einzelnen Personen deutlich. |
| Variante: | Die Geschichten werden mit Puppen gespielt. |

## Lieder erzählen Geschichten

| | |
|---|---|
| Eignung: | Neue Zugänge zur Bibel schaffen<br>Sich mit dem Inhalt der Lieder beschäftigen |
| Alter: | 6–12 Jahre |
| Dauer: | 45 Minuten |
| Beschreibung: | Ein Titel (z.B. von Peter Janssens, Ludger Edelkötter oder der Gruppe »Kontakte«) wird angehört. Die Sch. sprechen über den Inhalt und darüber, wie die Musik den Text ausdrückt. |
| Variante: | Es gibt mittlerweile eine ganze Reihe Sacro-Pop-Musicals, die religiöse und biblische Themen zum Inhalt haben. Sie greifen bestimmte Themen auf (Schöpfung, Hoffnung) oder stellen eine Person der Bibel (David, Joseph, Jona, Paulus) oder eine Heiligengestalt (Franziskus, Hildegard von Bingen) in den Mittelpunkt. |

# Musik selber machen

| | |
|---|---|
| **Eignung:** | Schafft neue Zugänge zur Musik<br>Die Chancen des kreativ-selbsttätigen Musizierens und Singens erfahren |
| **Alter:** | alle Altersstufen |
| **Dauer:** | 45 Minuten |
| **Beschreibung:** | Die Sch. bringen Instrumente (Flöte, Gitarre, Trommel, Rassel, Keyboard, etc.) mit. Sie einigen sich darauf, welcher Titel zusammen gespielt werden soll. Jeder versucht sich in seiner Art und mit seinen Talenten einzubringen. |
| **Hinweis:** | Musik muss nicht immer perfekt sein, viel wichtiger ist es, dass sie Spaß macht. Eine Zusammenarbeit mit dem Musiklehrer ist empfehlenswert. |
| **Variante:** | Zur musikalischen Gestaltung eines Schul- bzw. Klassengottesdienstes trifft sich eine Kleingruppe aus der Klasse, andere Gruppen könnten dann die weitere Gestaltung (Fürbitten, Meditation, Spiel) übernehmen. |

# Texte und Melodien erfinden

| | |
|---|---|
| **Eignung:** | Fördert die kreative Auseinandersetzung mit Inhalten<br>Fördert die eigene Sprachgestaltung |
| **Alter:** | ab 8 Jahre |
| **Dauer:** | 45 Minuten |
| **Beschreibung:** | Auf eine bekannte Melodie formulieren die Sch. einen neuen Text. Das Thema ist vorgegeben. |
| **Hinweis:** | Es können alte Volkslieder oder neue geistliche Lieder, aber auch Melodien aus dem Bereich der Rock- und Popmusik verwendet werden. |
| **Variante:** | Sehr musikalische Sch. können auch selbst eine ganz neue Melodie erfinden und dazu einen eigenen Text formulieren. |

# Wir machen einen Hip-Hop

| | |
|---|---|
| Eignung: | Fördert die sprachliche und rhythmische Phantasie |
| | Anregung zur Improvisation |
| Alter: | ab 6 Jahre |
| Dauer: | 45 Minuten |
| Beschreibung: | Auf ein Hip-Hop-Playback wird ein eigener Sprech- |

Beschreibung: Auf ein Hip-Hop-Playback wird ein eigener Sprechgesang erfunden. Er behandelt ein Thema des Religionsunterrichts.
Ein Hip-Hop-Playback findet sich auf der Kassette: Populäre Musik im Religionsunterricht
(s. Literaturhinweise)

Hinweise: Ein Reimlexikon kann bei der Formulierung der Texte sehr hilfreich sein.
Religions-, Deutsch-, Kunst- und Musiklehrer könnten hier in einem fächerübergreifenden Projekt zusammenarbeiten.
Der Hip-Hop-Rhythmus wird mit dem Körperinstrumentarium (stampfen, klatschen, patschen, schnalzen) von einer Gruppe eingeübt.

Variante: Die Sch. können in Zusammenarbeit mit dem Musiklehrer mit Instrumenten die Musik selbst produzieren oder zur Musik im Kunstunterricht ein entsprechendes Graffito herstellen.
Moderne Computersoftware bietet ungeahnte Möglichkeiten der Musikproduktion.

# Texten auf den Grund gegangen

Eignung: Fördert die kritische Auseinandersetzung mit den Texten populärer Musik
Themen und Inhalte werden mit Hilfe von Liedern vorbereitet, vertieft, wiederholt oder zusammengefasst

Alter: ab 10 Jahre

| | |
|---|---|
| Dauer: | 45 Minuten |
| Beschreibung: | Die Sch. erhalten den Auftrag, zu einem Thema des Religionsunterrichts aktuelle populäre Musiktitel zu suchen. Sie werden vorgestellt, angehört und besprochen. |
| Hinweis: | • Es ist sinnvoll, sich auf einen Titel zu beschränken, um die Aufmerksamkeit vom Konsumieren auf bewusste und kritische Auseinandersetzung mit dem Inhalt des Liedes einzuüben.<br>• Achtung: hier sind die Sch. die Experten! |
| Variante: | Verschiedene Titel mit unterschiedlichen Standpunkten werden vorgestellt. |

# Techno ist Meditation

| | |
|---|---|
| Eignung: | Sich hineingeben in den Rhythmus<br>Musik fühlen und verinnerlichen |
| Alter: | ab 14 Jahre |
| Dauer: | 45 Minuten |
| Beschreibung: | Ein Titel aus der Technoszene wird mit geschlossenen Augen angehört. Welche Bilder und Phantasien entstehen dabei? Wer will, kann die Musik in Bewegung umsetzen. Das anschließende Gespräch sollte sich vor allem mit der Wirkung der Klänge und Rhythmen auseinandersetzen. |
| Hinweis: | Techno ist *die* prägende Jugendkultur der 90er-Jahre. Die Musik versetzt Jugendliche in eine Art Trance. Häufig unterstützen Drogen (z.B. Ecstasy) diese Wirkung. Techno, das ist aber nicht nur Rhythmus und Musik, sondern auch eine Lebenseinstellung (feiern, Spaß haben und abtanzen). |
| Variante: | Die Sch. interviewen Raver über die Wirkung von Techno und bringen diese Interviews im Vorfeld der Übung ein. |

# Eine Geschichte vertonen

| | |
|---|---|
| Eignung: | Fördert die Fähigkeit, einen Text zu interpretieren |
| | Freude im Umgang mit Musik und Geräuschen |
| Alter: | ab 6 Jahre |
| Dauer: | 45 Minuten |
| Beschreibung: | Mit Hilfe von Orff'schen Instrumenten und Gegenständen aus dem Umfeld (Wasser, Steine, Papier, etc.) wird eine biblische Geschichte vertont. |
| Hinweis: | Für diese Übung eignet sich besonders gut die Schöpfungsgeschichte. |
| | Alle Sch. sind bei dieser Übung beteiligt, da jeder eine Aufgabe übernimmt. |
| Variante: | In Kleingruppen kann eine Geschichte oder ein Text ganz unterschiedliche klangliche Interpretationen erhalten, die im Plenum vorgestellt werden. |

# Nach Musik malen

| | |
|---|---|
| Eignung: | Weckt und fördert die Phantasie |
| | Veranschaulichung von Tönen und Melodien |
| Alter: | ab 6 Jahre |
| Dauer: | 45 Minuten |
| Beschreibung: | Musik läuft im Hintergrund. Filzschreiber, Wachsstifte, Wasserfarbe und Kartonpapier stehen zur Verfügung. Die Sch. lassen sich von der Musik inspirieren und setzen sie in Farben und Formen um. Anschließend werden die Bilder aufgehängt und vorgestellt. |
| Hinweis: | • Bei dieser Übung geht es nicht um die Produktion ausstellungsreifer Kunstwerke. Dementsprechend werden die Bilder auch nicht benotet. |
| | • Bei der Übung wird nicht gesprochen. |
| Variante: | 2-3 Sch. malen gemeinsam ein Bild (ohne sich zu unterhalten). |

# Mit Musik meditieren

| | |
|---|---|
| Eignung: | Konzentriertes und bewusstes Hinhören einüben |
| | Musik als eine Hilfe zur Meditation erfahren |
| Alter: | ab 6 Jahre |
| Dauer: | 10–15 Minuten |
| Beschreibung: | Die Sch. schließen die Augen und lassen sich auf die Stille ein. Im Hintergrund erklingt Musik. Wer will, macht sich auf die Suche nach inneren Bildern und Gefühlen. Die Erfahrungen werden nach der Übung besprochen. |
| Hinweis: | Diese Übung sollte auf freiwilliger Basis erfolgen. Wer sich nicht darauf einlassen will, bleibt leise, damit die anderen nicht gestört werden. |
| | Die Schüler können bei der Übung sitzen oder liegen. |
| Variante: | Eine erstaunliche Wirkung kann leise Musik im Hintergrund bei einer stillen Beschäftigung der Sch. haben. |

# Malen mit Liedern

| | |
|---|---|
| Eignung: | Einsichten und Eindrücke zu einem Lied ins Bild setzen |
| | Aussagen eines Liedes bildnerisch gestalten |
| Alter: | ab 10 Jahren |
| Dauer: | 45 Minuten |
| Beschreibung: | Die Sch. entwerfen ein Plakat zu einem Lied. Zunächst wird das Lied angehört oder gesungen. Danach werden in Kleingruppen auf einem Arbeitsblatt die wichtigsten Aussagen des Liedes unterstrichen. Mit Hilfe von bunten Stiften wird das Lied in ein Bild umgesetzt. |

Die verschiedenen Bilder werden präsentiert und von den anderen zunächst interpretiert. Die Eigeninterpretation der einzelnen Gruppen schließt sich daran an. Am Schluss wird das Lied nochmals angehört bzw. gesungen und mit neuen Augen und Ohren wahrgenommen.

Hinweis: Die einzelnen Kleingruppen sollten nicht zu groß sein (etwa 6 Personen).

Variante: Die Sch. erarbeiten eine Bildfolge (z.B. Comics) zu dem Lied.

# Visualisieren

Eignung: Einsichten aus dem Leben mit der Musik verknüpfen Aussagen eines Liedes mit Bildern aus dem Leben verknüpfen

Alter: ab 12 Jahren

Dauer: ca. 30 Minuten

Beschreibung: Die Sch. erhalten den Text eines Liedes. Gemeinsam wird die Musik bzw. das Lied angehört. Es werden Kleingruppen gebildet.
Aus einer ausgelegten Fotosammlung sollen die Sch. Bilder und Fotos heraussuchen, die den Aussagen der Musik entsprechen.
Das Lied wird erneut angehört und/oder gesungen. Anschließend werden die vertonten Bildgeschichten von den einzelnen Gruppen vorgestellt.

Hinweis: Diese Übung verlangt eine gewisse Konzentrationsfähigkeit der Sch. Sie sollten schrittweise darauf hingeführt werden.

Variante: Jeder sucht sich *ein* Bild, das seiner Meinung nach zu der Musik paßt. Er erläutert dies mit einigen Sätzen.

# Moritaten

| | |
|---|---|
| **Eignung:** | Sozialkritik einüben in Form von Lied, Text und Bild |
| **Alter:** | ab 12 Jahren |
| **Dauer:** | ca. 90 Minuten |
| **Beschreibung:** | Es gab Zeiten, da zogen Bänkelsänger durch das Land und erzählten den Menschen musikalische Geschichten. In Form von Moritaten (tragisches Singspiel) hielten sie den Menschen den Spiegel vor Augen. Bilder zu den einzelnen Strophen verdeutlichten den Gesang. Die Sch. können selbständig eine Moritat erarbeiten. Sie erfinden eine Geschichte in einfachen und kurzen Sätzen, dichten einen Refrain und malen große Bilder dazu. Bei einer Schulveranstaltung (Schulfest, Gottesdienst) kann das Singspiel vorgetragen werden. |
| **Hinweis:** | Es gibt viele bekannte Lieder, die sich als Vorlage gut eignen (Sabinchen war ein Frauenzimmer, Vogelhochzeit), sodass nur noch der Text erfunden werden muss. Die Melodien sollten möglichst einfach sein. So kann das Publikum beim Vortrag schnell mit einbezogen werden.<br>Die Sch. sollten sich mit dem Thema, das besungen wird, intensiv auseinandersetzen. |
| **Variante:** | Die Bilder werden auf eine Tapete geklebt oder gemalt, die beim Vortrag langsam aufgerollt wird. |

# Lieder einüben

| | |
|---|---|
| **Eignung:** | Fördert Konzentration und Gedächtnis |
| | Freude am Erlernen neuer Lieder |
| **Alter:** | alle Altersstufen |
| **Dauer:** | ca. 10 Minuten |
| **Beschreibung:** | Ein unbekanntes Lied liegt vor und soll eingeübt werden. Dabei ist es unerlässlich, dass die Lehrperson Melodie und Text sicher beherrscht. Er summt die Melodie einige Male vor, die Sch. summen mit, bis sie einigermaßen sicher sind. Dann singt er Schritt für Schritt (nach Sinneinheiten) den Text zur Melodie. |
| **Hinweis:** | • Beim Einüben der Melodie kann ein Instrument (Flöte, Klarinette, Klavier) sehr hilfreich sein. |
| | • Bisweilen verfügen Sch. über höhere musikalische Qualitäten als der Lehrer oder die Lehrerin. Hier bietet sich die Gelegenheit, diese Fähigkeiten in den Unterricht einzubeziehen. |
| **Variante:** | • Das neue Lied wird mehrere Male von CD bzw. Kassette vorgespielt, anschließend mitgesummt und -gesungen. |
| | • Zunächst wird der Text eingeübt. Dabei kann ein rhythmisches Sprechen hilfreich sein. Dann erst wird die Melodie mit dem Text verbunden. |
| | • Die Melodie wird rhythmisch geklatscht, dann gesummt oder auf einen Laut (la, lu, lo) und schließlich mit Text gesungen. |
| | • Der Song wird mit Text und Melodie Schritt für Schritt (nach Sinneinheiten) eingeübt. Bei einer spielerischen Variante wird das Lied in Stücken reihum gesungen. |

# Musik-Werkstatt

| | |
|---|---|
| **Eignung:** | Experimentieren mit Musik |
| **Alter:** | ab 10 Jahre |
| **Dauer:** | 90 Minuten |
| **Beschreibung:** | Mit den Sch. wird ein Problem oder ein Thema vereinbart (z.B.: »Vom Chaos zur Ordnung«). Dann beginnt die Experimentierphase: Traditionelle Instrumente (Keyboard, Gitarre, Flöte, Orff'sches Instrumentarium), selbstgebaute Instrumente aus Löffeln, Dosen und Steinen sowie »körpereigene Instrumente« (klatschen, patschen, schnalzen, pfeifen, stampfen, brummen) stehen zur Verfügung. Jeder kann sich zunächst frei entfalten und mit seinem Instrument experimentieren. Es bilden sich verschiedene Instrumentengruppen (Rhythmus, Melodie, u.a.). Eine gemeinsame Partitur soll erarbeitet werden, ein ganz neues Musikstück, in dem alle mitwirken (denn: Jeder Mensch ist musikalisch!). Es werden Zeichen abgesprochen, Einsätze festgelegt und die Abfolge eingeübt. |
| **Hinweis:** | Neben dem Spaß, den diese Übung sicherlich bereitet, sollte die Frage nach der Aussage des gemeinsamen Werkes unbedingt angesprochen werden. |
| **Variante:** | Verschiedene Gruppen versuchen mit den ihnen zur Verfügung stehenden Instrumenten ein Lied zu interpretieren. Die verschiedenen Fassungen eines Liedes werden im Plenum präsentiert. |

**Literaturhinweise:**

Erdentöne – Himmelsklang. Neue Geistliche Lieder, Hrsg.: Diözese Rottenburg-Stuttgart, Schwabenverlag 1995

Hering, Wolfgang, u.a. (Hrsg.): Praxishandbuch Rockmusik in der Jugendarbeit, Leske + Budrich, Opladen 1993

Knackfrosch. Kinderlieder. KJG-Verlagsgesellschaft, Düsseldorf 1992

Rohrbach, Kurt: Rockmusik. Die Grundlagen. Ein Arbeitsbuch für den Musikunterricht in Schulen, Institut für Didaktik populärer Musik, Oldershausen 1992

Songbuch, Bd. 1-4, KJG Verlag, Düsseldorf 1992

Thömmes, Arthur: Ich brauch' dich! 20 neue Kindergartenlieder + 20 Mandalas zum Ausmalen, Gusenburg 1996 (Bezugsadresse: Katechetisches Institut des Bistums Trier, Hinter dem Dom 1, 54290 Trier)

Thömmes, Arthur: Lach doch, Gott liebt dich. Neue Lieder für den Kinder- und Jugendgottesdienst, Gusenburg 1993 (Bezugsadresse: Katechetisches Institut des Bistums Trier, Hinter dem Dom 1, 54290 Trier)

Thömmes, Arthur: Populäre Musik im Religionsunterricht. Eine Arbeitshilfe mit Liedtexten und methodisch-didaktischen Hinweisen, Hrsg.: Katechetisches Institut des Bistums Trier, Trier 1996 (dazu gehört eine Kassette mit den besprochenen Liedbeispielen und einem Hip-Hop-Playback) (Bezugsadresse: Katechetisches Institut des Bistums Trier, Hinter dem Dom 1, 54290 Trier)

Troubadour für Gott, Hrsg.: Kolping-Bildungswerk, Würzburg 1991 (Bezugsadresse: Kolping-Bildungswerk, Diözesanverband Würzburg e.V., Sedanstr. 25, 97082 Würzburg)

# 3. Im Haus der Sprache

## Sprachbezogenes Lernen im Religionsunterricht

»Im Anfang war das Wort.« Mit dieser Behauptung eröffnet Johannes sein Evangelium. Und damit schlägt er einen Akkord an, der eine grundlegende Erfahrung vergegenwärtigt: Wir kommen zum zweiten Mal zur Welt, indem wir in unsere Sprache hineinwachsen. Die Sprache ist ein Erbe von weit her, das sich jede Generation neu aneignen muss. In der Sprache besitzen wir einen Schlüssel für die außersprachliche Wirklichkeit und für ihre eigenen Erfahrungen. Wie ein Filter legt sich die Sprache dabei zwischen die Wahrnehmung und die Erkenntnis: Nur was wir sprachlich fassen können, wird unserem Bewusstsein zugänglich. Das Haus der Sprache wird dadurch unsere zweite Heimat – und zugleich die Grenze unserer Wahrnehmung.

Sprache ist aber viel mehr als ein Gefäß für Wahrnehmungen und Erfahrungen. Friedemann Schulz von Thun unterscheidet vier Aspekte einer Mitteilung:

- Wer etwas sagt, *informiert* über einen Inhalt.

- Fast jede Aussage ist eine *Selbstoffenbarung:* Denn wer spricht, signalisiert, wie er sich selbst sieht und wie der andere ihn sehen soll.

- Zugleich definiert jede Aussage *eine Beziehung:* Der Sprechende weist dem andern eine Rolle zu. Im Gespräch mit anderen entsteht nämlich eine neue soziale Wirklichkeit: Lob und Anerkennung, aber auch Kritik und Kränkung, Verstehen, aber auch Missverstehen, Offenheit, aber auch Lüge und Manipulation verändern Beziehungen – zum Guten oder zum Schlechten. So kann Sprache Selbstbewusstsein fördern oder schädigen, Gemeinschaft stiften oder Vertrauen zerstören. Heilsam ist unser Sprechen dann, wenn im Gespräch ein Netz entsteht, das Menschen trägt.

- Viertens schließen die meisten Äußerungen *einen Appell* ein: Ausdrücklich oder unausgesprochen wollen sie den anderen veranlassen, etwas zu denken oder zu tun, sich zu ändern.

In diesem Sinn kann man auch den christlichen Glauben als ein vielfältiges Sprachgeschehen auffassen: Das Wort der Sakramente, Gebete und Psalmen, Predigten und Streitgespräche, Meditationen und Glaubensbekenntnisse begründet jene Sprachgemeinschaft, in der der Glaube wirksam wird. Wenn Kirche der Ort sein soll, an dem jeder erfährt, dass er unbedingt erwünscht ist, dann lebt Kirche in dem unendlichen Versuch, dass Menschen einander besser verstehen, dass sie herrschaftsfrei miteinander sprechen.

Unterhalb dieses hohen Anspruchs ist auch im Religionsunterricht die Pflege der Sprache und des Gesprächs eine faszinierende, unabschließbare Aufgabe. Es geht darum, einen geschützten Raum zu schaffen, in dem Schülerinnen und Schüler, Lehrerinnen und Lehrer konzentriert, ehrlich und fair miteinander sprechen können. Eine selbstverständliche Regel sollte sein, dass niemand das Recht hat, einen andern zu kränken oder bloßzustellen. Hilfreich sind darüber hinaus Anregungen für gute Gesprächsführung, die aus der psychologischen Praxis erwachsen sind (z.B. aus der Themenzentrierten Interaktion nach Ruth Cohn).

# Miteinander sprechen

## Fragen stellen

*Antworten ist leicht; die richtigen Fragen zu stellen,
das ist die Kunst.*

**Eignung:**    Lehrerfragen
- ~ steuern den Lernprozess
- ~ weisen den Sch. eine Position im Lerngeschehen zu
- ~ fordern Sch. zum Mit- und Nachdenken auf
- ~ überprüfen Wissen und Verständnis

**Hinweise:**
- Lernpsychologisch lassen sich vier Arten von Fragen unterscheiden:
  Wissensfragen,
  Denkfragen,
  gefühlsbezogene Fragen und
  Fragen, die sich auf den Lernprozess beziehen.

- Von den Antwortmöglichkeiten her unterscheidet man:
  enge und weite Fragen,
  offene und geschlossene Fragen.

  **Beispiele:**
  *Eng: Wann wurde Luther geboren?*
  *Weit: Welche Folgen hatte die Reformation?*
  *Offen: Wie wirkt dieses Bild auf euch?*
  *Geschlossen: Was sieht man im Hintergrund?*

- Kettenfragen nerven die Schülerinnen und Schüler!
- Sch. schämen sich gelegentlich, auf primitive Fragen zu antworten. (Beispiel: Welche Farbe hat das Meer auf diesem Bild? – Richtiger müsste es lauten: Warum ist das Meer auf diesem Bild gelb? – Oder als Impuls: Der Maler hat das Meer gelb gemalt!)

65

# Gute Fragen können sich entwickeln,

wenn die Vorstellungswelt und das Frageinteresse der Schülerinnen und Schüler im Unterricht zur Geltung kommen.

# Gute Fragen können sich entwickeln

in einer Unterrichtsatmosphäre, die die Fragwürdigkeit eines Themas zum Vorschein bringt und dadurch zum Fragen motiviert.

# Lehrerinnen und Lehrer, die gute Fragen stellen,

~ formulieren klar und eindeutig,
~ stellen nur eine Frage auf einmal,
~ stellen keine SCHEINfragen,
  keine RATEfragen,
  keine suggestiven Fragen,
~ vermeiden invertierte Fragen,
~ formulieren angemessen im Hinblick auf das Leistungsvermögen der Lerngruppe,
~ unterlassen Fragebombardement und Frage-Antwort-Ping-Pong.

# Schülerfragen einbeziehen

**Eignung:** Die Schülerfrage ist in der Regel eine echte Frage. Sie weist L. auf Interessen und Wahrnehmungsformen der Sch. hin und kann motivierend auf die Lerngruppe wirken.

**Alter:** 6–18 Jahre

**Beschreibung:** Schülerfragen können spontan aus dem Unterricht erwachsen.
Der Unterricht kann aber auch bewusst so arrangiert werden, dass er Fragen der Sch. herausfordert.

**Hinweise:** Es erfordert hohes methodisches Geschick, unvorhergesehene Schülerfragen angemessen zu berücksichtigen. Die natürliche Reaktion der Lehrenden ist oft das Gefühl der Störung: *Mit dieser Frage gerät meine Unterrichtsplanung ins Schleudern!* – Wichtig ist daher die Haltung aufmerksamer Gelassenheit. Dann können Schülerfragen den Lernprozess bereichern, ohne dass der Unterricht seine Zielklarheit einbüßt. Wenn Schülerfragen aber ausdrücklich im Lernprozess eingeplant werden, ist es auch erforderlich, den Fragen nachzugehen, sie zu strukturieren und von da aus den weiteren Lernprozess zu gestalten.

# Impulse geben

**Beschreibung:** Die Impuls-Steuerung ist eine Methode der Gesprächsführung, bei der die L. auf Fragen (bewusst) verzichten und stattdessen durch knappe Denkanstöße den Gesprächsfluss lenken.

Impulse können vielfältig sein:

~ Mimik und Gesten
*Achselzucken, Finger heben, ermunterndes Nicken, Kopf hin und her wiegen, belebende oder dämpfende Handbewegungen ...*

~ Äußerungen des Zweifels
*Ob das wirklich stimmt? – Vielleicht, vielleicht nicht ...*

~ Äußerungen zum Gesprächsverlauf
*Jetzt haben wir immer noch keine Antwort auf unsere Frage gefunden! – Ob das wohl alle so sehen? – Das sollten wir vielleicht genauer klären! – Das scheint euch aber sehr zu ärgern ...*

~ Aufforderungen
*Darüber müssen wir jetzt genauer nachdenken! – Ich glaube, wir kommen vom Thema ab. – Die Frage von eben sollten wir jetzt noch einmal aufgreifen ...*

~ Denkanstöße´
*»Reizwort« an die Tafel schreiben; eine fremde Position oder Meinung ins Gespräch einbringen*
~ Medien
*Karikaturen, Kurztexte, Gegenstände, Bilder ...*

**Manche Leute glauben, die Steuerung des Unterrichts sei wesentlich fruchtbarer als die Lenkung durch Fragen. Horst Herion (Methodische Aspekte des Religionsunterrichts, Auer Verlag, Donauwörth 1990, S. 91) hat die Vorzüge in einer Tabelle zusammengestellt:**

| Frage | Impuls |
|---|---|
| Die Lehrerfrage legt die Denkschritte der Schüler fest – vor allem, wenn es sich um sehr präzis gestellte Fragen handelt. | Im Unterschied dazu bietet der Impuls (Denkanstoß) dem Schüler Anregungen zum eigenen Fragen und Überlegen. |
| Bei der Frage folgt das Denken des Schülers der vom Lehrer vorgegebenen Richtung. | Beim Impuls wird der Schüler zum selbstständigen Denken angeregt. |
| Bei der Frage haben die Schüler keinen oder nur einen geringen Spielraum für eigene Denkleistungen und Möglichkeiten, den weiteren Unterrichtsverlauf mitzugestalten. | Beim Impuls eröffnet sich ein weites Feld, sodass der Schüler selbstständige Vorschläge in das Unterrichtsgeschehen einbringen kann. |
| Die Lehrerfrage erlaubt nur eine oder wenige gleichartige Antworten (je exakter die Frage gestellt ist, desto weniger Antworten sind möglich). Dadurch kommt es zu keiner Kommunikation der Schüler untereinander. | Beim Impuls entfalten mögliche Schüleräußerungen ein breites Spektrum und damit ein hohes Maß an Kommunikation zwischen den Schülern. |
| Bei der Frage ist die Denkbewegung vorwiegend auf den Lehrer konzentriert und bricht nach jeder erfolgten Antwort ab. Dadurch reiht sich Frage an Frage. (Besonders eine Fragenkette zwingt den Schüler zu einem reaktiven Verhalten.) | Impulse regen die Schüler zu unterschiedlichen und weit tragenden Denkbewegungen an. Sie ermöglichen selbstständige Arbeitsleistungen. |

# Das Lehrgespräch
## (Das fragend-entwickelnde Verfahren)

**Eignung:** Das Lehrgespräch hilft den Sch., einen Sachverhalt oder ein Problem zu verstehen; es fördert ihre Argumentationsfähigkeit

**Alter:** 6–18 Jahre

**Dauer:** 10–20 Minuten

**Beschreibung:** Ausgehend von einem klar umrissenen Problem oder Thema lenkt der L. das Gespräch so, dass Sch. sich in das Thema hineindenken können und im Austausch miteinander Lösungen des Problems entwickeln. – Die Schritte des Lehrgesprächs:

**1. Der Gesprächsgegenstand wird bestimmt:**
Der Lehrer macht eine deutliche, thematische Vorgabe bzw. bestätigt die von den Schülern stammenden Vorschläge:
~ Er stellt eine Frage.
~ Er formuliert ein Problem oder eine Aufgabe.
~ Er fordert auf, einen Gegenstand zu identifizieren.
~ Er versucht, den Gesprächsgegenstand zu verfremden, zu verrätseln usw.

**2. Das Gespräch nimmt seinen Lauf:**
~ Vorkenntnisse der Schüler werden eingebracht.
~ Problemformulierungen werden überarbeitet, Problemlösungen bedacht.
~ Alternativen werden diskutiert.
~ Sachinformationen werden vom Lehrer bei Bedarf gegeben.

**3. Die Gesprächsergebnisse werden zusammengefasst, gesichert und vertieft:**
~ Bevorzugte Lösungen werden markiert.
~ Konsens wird festgestellt bzw. Dissens bestätigt.
~ Konsequenzen werden durchdacht.

Aus: Hilbert Meyer, UnterrichtsMethoden 2, S. 289

# Zur Beurteilung des Lehrgesprächs

- Das Lehrgespräch verlangt eine klare Lenkung, deren Stärke die Flexibilität ist.

- Das Lehrgespräch stellt die normale Kommunikation auf den Kopf: Derjenige, der etwas weiß, befragt diejenigen, die es nicht wissen! Dadurch liegt über dem fragend-entwickelnden Verfahren der Schleier der Künstlichkeit.

- Besonders unnatürlich wird ein Lehrgespräch, wenn der Lehrer in mehreren Anläufen versucht, einen Sachverhalt zu klären, die Schüler die Lösung aber nicht finden. – Ehe es zu dieser ermüdenden Situation kommt, ist es sinnvoll, die Methode zu wechseln: Ein kurzer Lehrervortrag hilft dann weiter!

- Problematisch wird das Lehrgespräch auch dann, wenn es in ein kurzschrittiges Frage-und-Antwort-Spiel ausartet. Durch weite und offene Fragen kann das vermieden werden.

- Manche Lehrer wollen »demokratisch« unterrichten und möchten alle Schülerbeiträge positiv aufnehmen und wirken lassen. Diese Einstellung ist ehrenwert, kann aber zum Scheitern des Lehrgesprächs führen: Ein gutes Lehrgespräch ist zielorientiert, und der Lehrer führt deutlich Regie. Für die Lernenden soll Klarheit bestehen über die Absicht des Gesprächs, und (Zwischen-) Ergebnisse sollen festgehalten werden.

- Ein gutes Unterrichtsgespräch ist geradezu eine Kunstform des Unterrichts.
Lehrer bleiben hier ihr Leben lang Lernende.

# Das gelenkte Schülergespräch

| | |
|---|---|
| **Eignung:** | Es hilft den Sch., einander wahrzunehmen und ihre Erfahrungen zu klären |
| **Alter:** | 6–18 Jahre |
| **Dauer:** | 5–30 Minuten |
| **Beschreibung:** | Über ein Problem, das für die Sch. von Bedeutung ist, sprechen Sch. miteinander. |

Der L. hilft vor allem, das Gespräch zu strukturieren. Er führt behutsam, aber hilfreich Regie: Er greift ein, wenn das Gespräch abzugleiten oder zu versanden droht; er gibt zusätzliche Informationen; er ermutigt und unterstützt Sch., die sich mit sprachlichen Äußerungen schwer tun.

Dabei vermeidet der L. Eingriffe, die zensieren oder gar abqualifizieren. Auf keinen Fall redet er den Sch. ihre Überzeugungen aus; er fördert vielmehr ihre Urteilsfähigkeit und stärkt die Suche nach einem eigenen Standpunkt.

*Wer unterrichtet, hat die Aufgabe und die Chance, die Kunst der Gesprächsführung immer besser zu erlernen. Elemente des Gelingens sind:*
~ *die Nähe zu den Sch.,*
~ *die innere Freiheit des Lehrenden,*
~ *eine Balance zwischen Zielklarheit und Absichtslosigkeit,*
~ *der Wechsel von Verweilen und Beschleunigung.*

# Wie könnte ein Schülergespräch aufgebaut sein?

Das Schülergespräch lebt von der Meinungs- und Redefreiheit. Dennoch soll es strukturiert, ja sogar vorbereitet sein. Es ist keineswegs ein beliebiges Geplauder. – Der Gliederungsvorschlag kann dazu Anregungen geben:

**1. Das Thema wird benannt und umrissen.**

Beispielsweise: ein Konflikt in der Klasse, Auseinandersetzungen in der Familie oder unter Freunden; Probleme in Gesellschaft, Politik und Kirche, die die Sch. bewegen.

**2. Die eigenen Erfahrungen der Sch. werden bewusst gemacht und der Klasse mitgeteilt.**

Z.B. durch (Erfahrungs-)Berichte mehrerer Sch., durch kurze Statements (»Blitzlicht«), durch Rollenspiele, durch Medien (Briefe, Tagebuchnotizen, Zeichnungen ...)

**3. Die so konkretisierten Erfahrungen werden diskutiert und bearbeitet.**

Z.B. Vergleich unterschiedlicher/gegensätzlicher Erfahrungen der Sch.; Diskussion wissenschaftlicher Thesen zum Problem oder statistischer Analysen (die der Lehrer vorbereitet hat und in der passenden Gesprächssituation einspielt); Erörterung von Gegenpositionen in der öffentlichen Debatte; Karikaturen etc.

**4. Die im Klassenverband erarbeiteten Einsichten werden auf ihre Konsequenzen hin untersucht.**

Z.B. Was bedeuten unsere Überlegungen für unser Verhalten? Wie lassen sich die Verhältnisse beeinflussen und verändern?

(Nach Hilbert Meyer, UnterrichtsMethoden 2, S. 291)

# Erzählen

| | |
|---|---|
| **Eignung:** | Wer erzählt, stiftet Identifikationsangebote:<br>Er lässt die Hörer fremde Schicksale miterleben und lädt<br>sie dadurch ein, ihr eigenes Lebensmuster zu überprüfen |
| **Alter:** | 6-18 Jahre<br>(also durchaus auch: Berufsschule und Oberstufe des<br>Gymnasiums) |
| **Dauer:** | 5-20 Minuten |
| **Hinweise:** | Einige Hilfen für das lebendige Erzählen |

1. Wer gut erzählen will, muss in die Geschichte verliebt sein, die er erzählt. Der erste Vorbereitungs-
   schritt besteht also darin, sich in die Geschichte ein-
   zuleben, sich ihre Atmosphäre und ihren Charakter
   vertraut zu machen. Daraus erwächst wie von selbst
   die Frage: Was hat diese Geschichte mit mir zu tun?
2. Darin liegt schon ein Schlüssel für den zweiten Vor-
   bereitungsschritt: die Form der Präsentation
   entwickeln. Wer Geschichten erzählt, inszeniert
   sich und die Geschichte gleichzeitig. Und hier gilt
   es, das angemessene Mischungsverhältnis zu finden.
   (Hilfreich sind daher Probeerzählungen: vor einem
   Kassettenrekorder, vor der Videokamera, vor hilfs-
   bereitem Publikum ...)
3. Die Erzählung selbst sollte
~ anschaulich und konkret sein,
~ das Erlebnisvermögen der Hörer einbeziehen
   (kindgemäß – aber nicht kindertümlich),
~ einen Spannungsbogen haben und auf eine Pointe
   zulaufen.
4. Für den Vortrag sind notwendig:
~ eine Atmosphäre der Konzentration,
~ dramatische Stimmführung,
~ Wechsel von Pausen und Beschleunigung,
~ Augenkontakt mit den Zuhörern.

5. Für den Anfänger ist es hilfreich, die Erzählung schriftlich auszuarbeiten und sie dann zu memorieren. Zumindest der Anfang und das Ende sollten ausformuliert und gut im Gedächtnis verankert sein.

# Was geschieht beim Erzählen?

Wenn jemand Geschichten aus seiner Jugend erzählt, dann berichtet er keineswegs, was damals wirklich geschehen ist. Es scheint nur so. Der Erzähler modelliert nämlich seine Erlebnisse, sodass eine Vergangenheit für ihn entsteht, der er zustimmen kann. Und dabei entwickelt er auch eine Rolle für sich selbst. Je nach Charakter entstehen auf diese Art Heldengeschichten, heitere Episoden, tragische Erzählungen. – Indem wir Anekdoten aus unserem Leben erzählen, indem wir Selbstgespräche führen, erarbeiten wir uns eine Vergangenheit, aus der schließlich unsere Geschichte, unsere Biographie wird. So entwirft jeder für sich seine eigene Welt, in der er sich beheimatet weiß. Wer er ist, entdeckt er dadurch, dass er anderen und sich selbst seine Geschichte erzählt. Wenn nun fremde Geschichten in unser Bewusstsein treten, entsteht ein Dialog zwischen dieser eigenen Erzählwelt und den zunächst fremden Erzählungen: Filme, Märchen und Romane, Gedichte und Bilder sind Elemente einer zweiten – kulturell vermittelten – Erzählwelt, die mit unseren eigenen Erzählungen konkurriert. Wer etwa einen Film sieht, der ihn stark bewegt, der tritt in eine symbolische Kommunikation mit den Gestalten dieses Films. Und probeweise schlüpft er dabei in eine fremde Identität. Im Film erlebt er nämlich, wie es wäre, wenn er ein anderes Leben hätte. Die erzählte Bildwelt des Films lockert dabei vielleicht seine eigene Identität ein wenig, und er sieht seine eigene Welt mit anderen Augen. Dadurch werden Reifungsprozesse möglich: An den Bildwelten und Personen des Films kann spielerisch geklärt werden, wie sich das eigene Leben noch entwickeln und erweitern könnte.

Damit wird die Bedeutung von Erzählungen deutlich: Unser Bild von uns, unsere Identität entwickelt sich weiter, wenn es zu einem Dialog kommt zwischen unserer eigenen Erzählwelt und den Erzählwelten unserer Kultur. Und zu diesen Erzählwelten gehört auch der christliche Glaube: Er stellt uns eine »zweite Welt« von Bildern und Erzählungen vor Augen. In den Bildern von der Schöpfung, in der Geschichte von der Sintflut und der Arche, in der Erzählung von David und Goliath können Kinder und Jugendliche nacherleben, wie Ordnung das Chaos bannt, wie Bedrohung und Rettung erlebt werden. In den Bildern von Christus und in den Legenden von Heiligen wird für sie erlebbar, was Erlösung, Heilung und Glück bedeuten.

Wenn nun diese Bild- und Erzählwelten des Glaubens den Horizont bilden, in dem immer wieder nach Lebensformen und Leitbildern gesucht wird, dann entsteht eine offene Wechselbeziehung zwischen den prägenden Erlebnissen und Erfahrungen und den Überlieferungen des Glaubens. Dann wird der Glaube zu einem Impuls, das eigene Leben neu zu sehen; und die eigene Lebenswelt wird zum Schlüssel, die Glaubensüberlieferung besser zu verstehen. Jeder Reifungsschritt wirkt dann zurück auf das Verständnis der Bilder und Erzählungen des Glaubens, und jede tiefere Auslegung des Glaubens stößt den Prozess der Identitätsbildung wieder an.

In der traditionellen Lehrerausbildung – bis in die sechziger Jahre – legte man Wert darauf, dass Lehrerinnen und Lehrer mitreißend erzählen konnten, und dass sie es verstanden, einen tragfähigen und anschaulichen Lehrervortrag zu halten.

In der heutigen Lehrerausbildung sind diese Fähigkeiten eher in den Hintergrund getreten.

Wie finden Sie das?

Was schließen Sie daraus?

# Lehrervortrag

| | |
|---|---|
| **Eignung:** | Informiert in kurzer Form über Ereignisse oder Zusammenhänge. Fördert die Konzentration und erweitert das kognitive Wissen der Sch. |
| **Alter:** | 6–18 Jahre |
| **Dauer:** | 5–15 Minuten |
| **Beschreibung:** | Ereignisse oder komplizierte Zusammenhänge, die den Sch. nicht bekannt sind, werden vom Lehrenden – nach entsprechender Vorbereitung – klar und anschaulich dargestellt. |
| **Hinweise:** | |

- Der Lehrervortrag unterscheidet sich deutlich von Zusammenfassungen oder Erläuterungen, die ein L. spontan im erarbeitenden Unterricht einfließen lässt. Der Lehrervortrag ist nämlich eine geplante und vorbereitete Form konzentrierter Information.
- Der Lehrervortrag ist in Misskredit geraten, weil er als typische Ausprägung eine autoritären und lehrerzentrierten Unterrichts angesehen wurde.
  Dabei wird übersehen, dass der Lehrervortrag eine Reihe von Vorzügen hat:
  ~ Ein Lehrervortrag kann lebendiger sein, als eine Information auf dem Papier.
  ~ Er ist eine Beziehung zwischen Personen; der Lehrer kann deshalb darauf achten, dass er adressatengerecht spricht.
  ~ Ein (guter) Lehrervortrag stiftet Konzentration.
  ~ Er schafft eine gemeinsame Grundlage für den nächsten Arbeitsschritt.
  ~ Der Lehrervortrag gibt ein Sprachniveau vor, von dem die Sch. lernen können.
- Gute Lehrervorträge fallen nicht vom Himmel. Sie wollen erarbeitet und am besten auch geübt werden (Probevortrag zu Hause). Je nach Temperament empfiehlt sich das freie Sprechen, das Sprechen

nach einer Stichwort-Gliederung oder gar – zur Not – ein Vortrag, der von einem bereitliegenden Manuskript als Netz abgesichert ist.

- Ohne gründliches Sachwissen steht der Lehrervortrag auf tönernen Füßen.
- Ein guter Lehrervortrag
~ ist übersichtlich gegliedert und umreißt gleich zu Beginn sein Thema;
~ findet eine Balance zwischen Kürze und Redundanz. Er verweilt und fasst zusammen, schreitet dann aber auch rasch wieder weiter;
~ richtet sich an die Zuhörer, ist anschaulich und gelegentlich narrativ;
~ findet dabei ein Gleichgewicht zwischen nüchterner Darbietung und theatralischer Erregung;
- Praktische Hinweise:
~ Der Lehrervortrag darf nicht untergehen im Kampfgetümmel einer Unterrichtsstunde. Deshalb zuerst Ruhe herstellen, damit konzentriertes Zuhören möglich wird.
~ Wenn Begriffe, die den Sch. nicht bekannt sein können, im Lehrervortrag vorkommen, kann man diese vorher erläutern (eventuell an der Tafel anschreiben) oder – wenn es nur wenige sind – sie im Vortrag erklären.

# Das Streitgespräch

| | |
|---|---|
| **Eignung:** | Hilft einen umstrittenen Sachverhalt zu klären und den ethischen Anspruch einer Entscheidung bewusst zu machen |
| **Alter:** | 14–18 Jahre |
| **Dauer:** | 20–40 Minuten |
| **Beschreibung:** | Nach festen Regeln und mit klaren Rollen setzen sich Sch. argumentativ mit einem umstrittenen Problem auseinander. |

Die Rollen sind:

~ *Gesprächsleiter/in* (eröffnet und schließt die Diskussion; erteilt das Wort und achtet darauf, dass die Spielregeln einer fairen Diskussion eingehalten werden);

~ *die Befürworter* erläutern, begründen und verteidigen ihre Position;

~ *die Gegner* versuchen, eine Gegenposition zu untermauern und die Argumente der Befürworter zu entkräften;

~ *die Beobachter* äußern sich nach Abschluss der Diskussion; sie bewerten die Überzeugungskraft der Argumente, den Verlauf und das Ergebnis der Diskussion.

**Hinweise:**

• Eine Diskussion ist nur sinnvoll, wenn das Thema für die Sch. diskussionswürdig ist.

• Ohne Sachkenntnis kann nicht diskutiert werden. (Falls nicht vorausgesetzt werden kann, dass die Sch. schon genug wissen, ist eine vorgeschaltete Erarbeitungsphase sinnvoll. Dafür können in Gruppenarbeit Hintergrundinformationen und Argumente für bzw. gegen die These gesammelt werden. z.B.: Ist Kirchenasyl berechtigt? – Zur Vorbereitung werten die Sch. arbeitsteilig Pressestimmen zum Thema aus.)

- Es soll allen Beteiligten klar sein, dass sie eine Rolle spielen. Was in der Debatte vertreten wird, muss nicht die eigene Überzeugung sein.
- Deshalb ist es auch notwendig, dass die Diskussion deutlich inszeniert wird: Sitzordnung und Rollenverteilung sollen schon optisch einen Unterschied zum Klassenunterricht markieren.
- Auch für Diskussionen brauchen Sch. Übung und Erfahrung. Deshalb kann es gut sein, wenn der Lehrer am Anfang die Rolle des Diskussionsleiters übernimmt und so Modell-Lernen ermöglicht.
- Wenn die Diskussion zu früh erlahmt, können L. oder Mitschüler weitere Argumente »einflüstern«: Sie treten hinter einen Diskussionsteilnehmer und flüstern ihm noch ein weiteres Stichwort zu.
- Häufig wird die Auswertung des Streitgesprächs stiefmütterlich behandelt. Dadurch wird auch das Publikum in seiner Rolle vernachlässigt. Deshalb: Zeitlassen für ein Unterrichtsgespräch nach der Diskussion.

## Interview

| | |
|---|---|
| Eignung: | Vermittelt Einsichten in die Lebenswirklichkeit anderer; bezieht Erfahrungen in den Unterricht ein |
| Alter: | 14–18 Jahre |
| Dauer: | 10–15 Minuten |
| Beschreibung: | Ein oder zwei Sch. befragen – nach entsprechender Vorbereitung – einen Experten. |
| Varianten: | • Der Experte kann ein Mitschüler sein, der durch seine Freizeitbeschäftigung oder durch ein besonderes Erlebnis etwas Interessantes mitteilen kann (z.B.: Was macht ihr in eurer Jugendgruppe? Was habt ihr bei eurem Besuch in Taizé erlebt? Was habt ihr beim Kirchentag erlebt?) |

- Interviews können auch außerhalb des Unterrichts aufgenommen werden (Kassettenrekorder) und in der Klasse abgespielt werden. Die Reporter berichten dann auch über die Umstände, unter denen das Interview zustande kam.

## Interview mit einem Unbekannten

| | |
|---|---|
| **Eignung:** | Identifikation mit Leben und Werk eines anderen; Hineindenken in eine fremde Zeit und einen fremden Lebensentwurf |
| **Alter:** | 16–18 Jahre |
| **Beschreibung:** | Eine Schülerin oder ein Schüler hat sich intensiv mit dem Leben und dem Werk einer historischen Person beschäftigt (z.B. Don Bosco, Hildegard von Bingen, Anne Frank, Franz von Assisi). Im Unterricht präsentieren sie nun diese Gestalt, und die Mitschüler versuchen, in einem Interview diese fremde Person näher kennen zu lernen. |
| **Hinweise:** | 1. Diese anspruchsvolle Methode ist am ehesten für die gymnasiale Oberstufe geeignet. Die Sch. brauchen Vorbereitungszeit, oft auch Hinweise auf geeignete Literatur. |
| | 2. Es ist eine Erleichterung, wenn zwei Schüler bzw. Schülerinnen sich gemeinsam mit einer Person befasst haben, sodass sie sich auch im Interview abwechseln und wechselseitig unterstützen können. |
| | 3. Der Lehrer oder die Lehrerin kann auch in die Rolle der historischen Person schlüpfen: *Ich spiele gleich Jean Paul Sartre, und ihr sollt im Interview herausfinden, welche Ansichten ich habe und auch, was ich von Gott und vom Christentum halte.* |

# Brainstorming (Ideensturm)

| | |
|---|---|
| Eignung: | Die kreative Methode hilft, das Verständnis eines Problems zu klären oder Ideen für ein Vorhaben zu sammeln |
| Alter: | 10–18 Jahre |
| Dauer: | 10–20 Minuten |
| Beschreibung: | Zu einem Stichwort oder zu einer Frage äußern Sch. spontan alles, was ihnen dazu einfällt. – Es findet keine Zensur statt; es wird nicht kommentiert. Alle Einfälle werden in Stichworten festgehalten. Danach wird das Ensemble der Ideen betrachtet und ausgewertet. (Durch Rückfragen wird eventuell geklärt, was nicht ohne weiteres verständlich ist.) |
| | Die einzelnen Elemente werden geordnet und gewichtet. Der Situation entsprechend wird vereinbart, was mit den Ergebnissen geschieht (nächste Schritte in der Unterrichtsplanung; Projekt ...). |
| Varianten: | • Das Brainstorming kann im Klassenverband durchgeführt werden. Zwei Sch. notieren die zugerufenen Stichworte an der Tafel. |
| | • Analog: in Gruppenarbeit werden Stichworte auf Wandzeitungen geschrieben und dann aufgehängt. |
| | • In Einzelarbeit werden Ideen auf Karten geschrieben und dann für alle sichtbar angeheftet. (Nur sinnvoll bei kleinen Gruppen, da sonst zu viele Doppelungen entstehen.) |

# Dazu möchte ich sagen

| | |
|---|---|
| **Eignung:** | Fördert die Urteilsfähigkeit, stärkt das Selbstbewusstsein und die Toleranz in der Gruppe |
| **Alter:** | 6–18 Jahre |
| **Dauer:** | 10–20 Minuten |
| **Beschreibung:** | Ein strittiges Thema oder ein Konflikt werden dargestellt (Lehrervortrag; Zeitungsartikel; Leserbrief; Film). Die Sch. werden aufgefordert, einzeln dazu Stellung zu nehmen und ihre Meinung zu äußern. Erst danach wird im Rundgespräch das Problem vertieft und die Diskussion abgerundet. |
| **Hinweise:** | 1. Es ist gut, wenn bei dieser Methode die Sch. im Kreis sitzen und sich anschauen können. |

2. Als ausgesprochen hilfreich erweist sich ein »Hoheitszeichen«, etwa eine Stahlkugel oder ein Wollknäuel. Wer dieses Zeichen hat, besitzt hat das Rederecht und darf ungestört ausreden. Wenn er fertig ist, sucht er einen Mitschüler aus, der nach ihm sprechen soll und gibt ihm das Hoheitszeichen. – Falls dieser nichts sagen möchte, gibt er schweigend das Zeichen einem anderen.

3. Diese Methode eignet sich auch am Ende einer Unterrichtsreihe für ein Bilanzgespräch.

# Fragemeditation

| | |
|---|---|
| **Eignung:** | Ermöglicht intensivere Wahrnehmung und Klärung der eigenen Meinung |
| **Alter:** | 14–18 Jahre |
| **Dauer:** | 10–15 Minuten |
| **Beschreibung:** | Langsam, sodass genügend Zeit zum Nachdenken bleibt, trägt die Lehrerin oder der Lehrer eine Reihe von Fragen vor, die für Erfahrungen oder Glaubensvorstellungen von Jugendlichen von Bedeutung sind. Schweigend gehen die Schülerinnen und Schüler den Impulsen nach. Wer will, kann sich während der Fragemeditation Notizen machen. |
| **Hinweise:** | 1. Das Entscheidende spielt sich bei einer Fragemeditation in der Schweigephase ab, nicht in der anschließenden Besprechung. |
| | 2. Es steht jedem Schüler frei, ob er sich nach der Fragemeditation äußern will oder nicht. |
| | 3. Ausschließlich das Gesprächsinteresse der Schülerinnen und Schüler entscheidet darüber, wie lange der Meinungsaustausch nach der Fragemeditation dauert. |

Anmerkung: Die Anregung zu dieser Methode haben wir bei Max Frisch erhalten: In seinem zweiten Tagebuch präsentiert er eine Reihe von existentiell bedeutsamen Fragebögen. (Max Frisch, Tagebuch 1966-1971, Suhrkamp, Frankfurt a.M. 1972, S. 9; 58; 145; 179; 216; 258; 319; 382; 403; 424)

# Einladung zum Nachdenken

1. Versuchen Sie sich zu erinnern:

• Wie haben Sie sich Gott vorgestellt, als Sie noch klein waren – etwa in der Grundschule?

• Wer hat Ihnen damals von Gott erzählt? – Wie hat das auf Sie gewirkt?

• Gibt es ein Bild oder eine Erzählung, die Ihre Vorstellung von Gott stark beeinflusst haben?

• Welche Atmosphäre atmet die Gottesvorstellung Ihrer Kindheit (hell – dunkel; drohend – befreiend; fremd – vertraut; abstoßend – liebenswert ...)?

2. Wie beurteilen Sie aus heutiger Sicht Ihre religiöse Erziehung?

3. Hat sich Ihre Gottesvorstellung seit Ihrer Kindheit in wesentlichen Punkten verändert?
   Falls ja: Durch welche Einsichten oder Erlebnisse wurden diese Veränderungen ausgelöst?
   In welche Richtung hat sich Ihre Gottesvorstellung verschoben?

4. Ist Gott in Ihrer Vorstellung eher ein Mann oder eine Frau?

5. Welche der folgenden Umschreibungen kommt dem Bild am nächsten, das Sie sich heute von Gott machen: Beschützer, Tyrann, Sonne, Hoffnung, Aufseher, Grund des Lebens, Richter, Liebe, Helfer, Garant der Ordnung, Feuer, Tröster, Freund, Gewissen, Licht ...
   Falls keine dieser Bezeichnungen von Gott Ihrer Vorstellung entspricht, welche Begriffe fallen Ihnen ein, wenn Sie an das Wort »Gott« denken?

6. Wie wichtig ist der Glaube an Gott heute für Sie?

7. Falls Sie an Gott glauben: Wie wirkt sich dieser Glaube in Ihrem Leben aus?

8. Falls Sie nicht an Gott glauben, stört es Sie, dass es andere Leute gibt, die es tun? Warum?

9. Welche Einsicht war in dieser Fragemeditation für Sie wichtig oder überraschend?

10. Worüber würden Sie jetzt gern mit anderen sprechen?

# Schreiben: arbeiten und spielen mit Wörtern

Welch ein Glück ist doch das Schreiben! Augenfällig wird es, wenn man ein Grundschulkind betrachtet, das ernsthaft und in seine Arbeit versunken die ersten Sätze schreibt. Und kurze Zeit später schon kann das Kind ordentlich lesen. Die Geschichte von Fréderic vielleicht, von jenem Mäusedichter, der in Wörtern die Farben des Sommers aufbewahrt hat. Und so hat auch das Kind seine Freude am Klang der Wörter, an Reimen, an Wortspielen und eindrucksvollen Sprachbildern. Ja, vielleicht ist das Kind sogar ein Dichter!

Doch über das Glück des Schreibens legt sich schon bald der Mehltau der Pflicht: Hausaufgaben muss das Kind schreiben. Aufsätze, Erzählungen und Berichte. Und das alles nach einer vorgegebenen Ordnung und nach den Regeln der Rechtschreibung. So wird Spontaneität zurückgedrängt – und das ist notwendig und zugleich ein Verlust: Wer schreibt, muss Disziplin üben. Er muss Regeln beachten und mit Wörtern Beziehungen klären und Ordnung stiften. Aber es wäre schlimm, wenn darüber der Geist ausgelöscht würde. Neben dem gebundenen sollte es immer wieder das freie Schreiben geben, neben der Pflicht die Kür. Und deshalb brauchen Kinder und Jugendliche auch Lernsituationen, in denen sie ihre Sprachphantasie und ihren Kunstsinn entwickeln können. Schreibsituationen, in den sie nicht allein das Gelernte ordentlich wiedergeben, sondern Entdeckungen machen – Entdeckungen über sich, über die Sprache und die Welt.

Der Religionsunterricht wird beide Chancen des Schreibens nutzen: Die Festigung des Gelernten, die Klärung von Vorstellungen, das Argumentieren und Urteilen, all das wird gestärkt im Schreiben. Daneben aber steht gleichwertig das entdeckende Schreiben. Hier werden Erfahrungen aufbereitet, hier wird das Wünschen geübt. Dann betreibt der Religionsunterricht nichts, was ihm fremd wäre. Denn christliche Überzeugung ist es doch, dass neben der Welt, die es gibt, eine zweite Wirklichkeit in unser Leben hineinragt, die Welt der Möglichkeiten und Träume. Und wer davon erzählt, wird darüber zum Dichter: die Propheten, Jesus, wenn er das Reich Gottes entwirft, Eichendorff und die Beatles. Die Transformation des Bestehenden in der erzählten Welt ist ein Teil der Wunder, der Beginn der Erlösung. Und wenn das Schreiben im Religionsunterricht Klischees und Formeln überschreitet, wenn ein Jugendlicher zu seiner eigenen Sprache findet, dann sind wir miteinander auf dem richtigen Weg.

So positiv das auch klingt: der pädagogische Alltag demonstriert immer wieder, dass Schreiben keineswegs leicht fällt. Und das hat auch sozialgeschichtliche Gründe: Unsere Kultur verändert sich ständig, und in den letzten dreißig Jahren haben Lesen und Schreiben sich stark gewandelt:

- Das Wort wird ergänzt und teilweise verdrängt durch Bilder.

- Das geschriebene Wort verliert an Bedeutung gegenüber dem gesprochenen Wort.

- Das dauerhaft Geschriebene wird durch kurzlebige Informationen und Notizen relativiert.

Das wird anschaulich, wenn man eine Buchhandlung heute mit einer Buchhandlung der 50er-Jahre vergleicht: Bildbände und Bestseller bestimmen heute das Bild. Im privaten Bereich ist die Briefkultur zurückgegangen; das Telefon verbindet uns umso schneller und dichter. Und all diese Veränderungen spielen sich ab in einem Klima der Inflation: Wir werden überschüttet mit Bildern und Informationen; ständig muss in Containern das Ungelesene entsorgt werden.

Vor diesem Hintergrund verdient das schriftliche Arbeiten im Religionsunterricht Aufmerksamkeit und Pflege. Stärker als die mündliche Verständigung nötigt das schriftliche Arbeiten zu Sorgfalt und Klarheit. Es verlangt höhere Konzentration, und die Ergebnisse der Arbeit bleiben dauerhaft. Freilich unterliegen schriftliche Arbeiten auch den allgemeinen Rahmenbedingungen. Wenn die verwertbaren Reste des Religionsunterrichts nur fliegende Blätter sind, Kopien von Kopien vielleicht, dann fällt es schwer, den schriftlichen Gestaltungen den didaktisch nötigen Rang zu geben. Ein Heft oder wenigstens ein Schnellhefter für den Religionsunterricht sollten selbstverständliche Arbeitsmittel sein, deren Pflege auch den Lehrerinnen und Lehrern wichtig ist. Hier kann man sogar noch mehr tun: Ein »Klassenheft« in das Arbeitsblätter abgeheftet bzw. eingeklebt und gute (Haus-)Arbeiten eingetragen werden, wird gepflegt und wandert unter Schülerinnen und Schülern. Oder: in der Oberstufe des Gymnasiums wird ein Aktenordner mit den Texten, mit wichtigen Einsichten, Notizen und Arbeiten angelegt.

 ## Schreibzwang

| | |
|---|---|
| **Eignung:** | Einfälle sammeln und affektive Zusammenhänge aufdecken |
| **Alter:** | 12-18 Jahre |
| **Dauer:** | ca. 5 Minuten |
| **Beschreibung:** | Zu einem Stichwort, das Emotionen auslöst (Noten, Streit, Angst ...) schreiben Sch. ohne Pausen ihre Assoziationen auf: *»Ich nenne euch jetzt ein Wort. Und ihr schreibt sofort alles auf, was euch dazu einfällt. Nicht überlegen, nur schreiben! Der Stift steht nicht still, bis ich ›STOPP!‹ sage.«* |
| **Hinweise:** | • Da die Methode schreibgewandte Schüler voraussetzt, ist sie vorwiegend geeignet für den gymnasialen Unterricht. |
| | • Während der Schreibphase dürfen L. sich – mit Maßen – als Einpeitscher gebärden (»Nicht nachdenken – schreiben! Weiter schreiben!« ...) |

# Clustern (cluster = Knoten)

| | |
|---|---|
| **Eignung:** | Das Cluster hilft, assoziativ Zusammenhänge zu entdecken und Erfahrungen zu sichten |
| **Alter:** | 14–18 Jahre |
| **Dauer:** | 10–20 Minuten |
| **Beschreibung:** | Das Cluster ist die kreative Variante der Wissenskarte. Zu einem zentralen Begriff werden Assoziationen notiert, und zu Assoziationsstraßen verknüpft. Der Begriff muss für die Sch. einen Reizwert haben, damit sie ihn von ihren Erfahrungen her füllen können. Das Cluster kann am Anfang einer Unterrichtsreihe stehen und den weiteren Lernprozess steuern. |
| **Hinweise:** | 1. Es versteht sich, dass die Sch. unbeeinflusst arbeiten sollen. Sie entscheiden auch selbst, was sie der Klasse mitteilen. Die Ergebnisse werden weder eingesammelt noch zensiert. |
| | 2. In der Besprechung kann auch der kreative Prozess geklärt werden: Was ist euch beim Schreiben aufgefallen? Was überrascht euch am Ergebnis? Was fiel einem sofort ein? Was war schwer einzuordnen? etc. |

# Briefe schreiben

| | |
|---|---|
| **Eignung:** | Sich hineinversetzen in exemplarische Problemsituationen; Lösung für Lebensprobleme entwerfen |
| **Alter:** | 12–16 Jahre |
| **Dauer:** | 15–30 Minuten |
| **Beschreibung:** | Auf die Darstellung einer Problemsituation antworten Sch., indem sie dem Betroffenen einen fiktiven Brief schreiben. |

**Hinweise:** Im Leserbrief- und Beratungsteil von Jugendzeitschriften werden oft Konflikte dargestellt, die typisch sind für die Probleme Heranwachsender: Selbstzweifel; Streit mit den Eltern; Enttäuschungen in Beziehung; Ängste und Minderwertigkeitsgefühle. Darin liegt eine Identifikationsmöglichkeit, die es Jugendlichen auch leicht macht, Phantasie zu entwickeln. Sie können – bezogen auf einen anderen – Wege entdecken, wie sie selbst Konflikte und Probleme besser bewältigen können.

## 76 Zuordnungsaufgaben

**Eignung:** Kenntnisse der Sch. werden (neu) strukturiert und abgerundet

**Alter:** 10–18 Jahre

**Dauer:** 10–20 Minuten

**Beschreibung:** In einen vorgegebenen Ordnungsrahmen tragen Sch. Elemente so ein, dass Zusammenhänge, Beziehungen oder Abläufe deutlich werden.

**Varianten:** 1. Die Elemente (Begriffe) werden angegeben und die Aufgabe der Sch. besteht lediglich darin, die richtige Zuordnung zu treffen. (z.B.: Biblische Bücher dem Kanon des Alten bzw. Neuen Testaments zuordnen; einer Reihe biblischer Gestalten das Pendant zuordnen: Kain/...; David/...; Jakob/... usw.)

2. Die Zuordnung wird durch eine Grafik unterstützt.

3. Das Schaubild enthält schon einige Eintragungen, die von den Schülern vervollständigt werden.

4. Die Schüler benutzen Hilfsmittel (Lexika etc.) und erarbeiten sich so das Wissen, das sie für die Zuordnungsaufgabe brauchen.

# Das Leben des Franz von Assisi

1182 _____

1202 _____

1205 _____

1207 _____

1211 _____

1218 _____

1220 _____

1226 _____

(1228) _____

Ordne diesen Zahlen Ereignisse im Leben des Franz von Assisi zu!
(Hilfsmittel: Lexikon, unser Religionsbuch)

# Dimensionen der Religion

Wertentscheidung
Handlungsorientierung

_____

_____

_____

Glaubenswissen

_____

_____

_____

Lebensgefühl

_____

_____

_____

ethische
Dimension

kognitive
Dimension

emotionale
Dimension

institutionelle
Dimension

soziale
Dimension

kultisch-rituelle
Dimension

kulturelle
Dimension

Strukturen und
Einrichtungen

_____

_____

_____

Liturgie

_____

_____

_____

Gemeinschafts-
formen

_____

_____

_____

Kunst
Musik
Literatur

_____

_____

_____

Vervollständigen Sie die Skizze! Tragen Sie zu jeder der sieben Dimensionen einige Beispiele in die dafür vorgesehenen Zeilen ein!

## Lückentexte

| | |
|---|---|
| **Eignung:** | Dienen der selbstständigen Erarbeitung eines Inhalts oder der Wiederholung |
| **Alter:** | 8–14 Jahre |
| **Dauer:** | 5–10 Minuten |
| **Beschreibung:** | Den Sch. wird ein Sachtext ausgehändigt. In ihm sind fachspezifische Wörter ausgelassen. Die Sch. sollen die Lücken mit den richtigen Wörtern füllen. |
| **Hinweise:** | 1. Diese spielerische Methode macht vor allem den Zehn- bis Zwölfjährigen Freude, wenn sie nicht zu oft eingesetzt wird. |
| | 2. Wenn die Sch. sich einen Sachverhalt selbst erarbeiten sollen, werden die fehlenden Wörter unter dem Text angegeben. – Dient der Text aber der Wiederholung, dann sollen sie selbstständig die fehlenden Wörter finden. |
| | 3. Eine dritte Variante besteht darin, für eine Lücke mehrere Wörter anzugeben, zwischen denen die Sch. wählen sollen. |

# Lernprogramme

| | |
|---|---|
| Eignung: | Ermöglichen das selbständige Erarbeiten kognitiven Wissens oder das Wiederholen |
| Alter: | 10–14 Jahre |
| Dauer: | 10–30 Minuten |
| Beschreibung: | Ein Lerninhalt wird in kleine Elemente zerlegt. Wie im Lückentext fehlt jeweils ein wichtiger fachspezifischer Begriff. Die Schülerinnen und Schüler tragen das fehlende Wort ein und können sofort auf der folgenden Seite überprüfen, ob ihre Lösung stimmt. |
| Hinweise: | Die Lernprogramme sind ein Produkt der Curriculum- und Lernzieldidaktik in den siebziger Jahren. Kritisiert wird vielfach, dass sie einseitig das kognitive Lernen fördern. Zugunsten der Lernprogramme lässt sich aber sagen, dass jeder Schüler sein Lerntempo selbst bestimmen kann und dass kognitives Lernen ja auch einen Wert bedeutet. |

# Herrschaftsverhältnisse zur Zeit Jesu

In diesem Lernprogramm erfährst du etwas über die politischen Verhältnisse in Palästina, dem Land der Juden: Wer herrschte dort, als Jesus lebte? Wie hießen die politischen Parteien?

Dieses Programm lesen wir nicht Zeile für Zeile von oben nach unten, sondern jedes Mal, wenn ein nummeriertes langes Kästchen zu Ende ist, blättern wir um. Denn zu jedem nummerierten langen Kästchen – z.B. 1 – gehört ein nummeriertes kurzes Kästchen – ebenfalls 1.

In manchen Sätzen in den langen Kästchen fehlt ein Wort. Schreibe das fehlende Wort in die Lücke und sieh auf der nächsten Seite in dem dazugehörenden kurzen Kästchen nach, ob du das richtige Wort eingesetzt hast. Also: *erst* schreiben, *dann* nachschauen! Oft passt nicht nur *ein* Wort in die Lücke, sondern *mehrere* Antworten sind richtig. Dann findest du auch mehrere Antworten in dem kurzen Kästchen vor der nächsten Aufgabe. Nach dem Antwortkästchen folgt also immer gleich die nächste Aufgabe.

| Antwort | Aufgabe | s. Antwort: |
|---|---|---|

**1** Zur Zeit Jesu lebten die . . . . . in zwei getrennten Siedlungsgebieten: Im Süden in Judäa und im Norden in . . . . . .  ▶ 1

**2** Palästina

**3** Beide Gebiete, Galiläa und . . . . . , wurden geteilt durch das Gebiet Samaria und die Dekapolis (Zehn Städte).  ▶ 3

**4** Gebiet/ Land

**5** Der Nachfolger des Kaisers . . . . . . . . , der bis zum Jahre 14 n. Chr. lebte, war Kaiser Tiberius.  ▶ 5

**6** römische

**7** Dieser . . . . . . . . . . des Kaisers wurde auch Landpfleger genannt.  ▶ 7

**8** Kaiser

**9** Im Nordteil von Palästina, in . . . . . . .. regierte kein Statthalter, sondern der Vierfürst Herodes Antipas.  ▶ 9

**10** Vierfürst

**11** Als Jesus lebte, war Pontius Pilatus als . . . . . . . . . . über Samaria und dem Südteil von Palästina, . . . . . , eingesetzt.  ▶ 11

**12** Pontius Pilatus

**13** Das . . . . . . . . Volk hatte trotzdem seinen eigenen obersten Gerichtshof. Er hieß der ‚Hohe Rat' oder das „Synedrium".  ▶ 13

**14** Kaiser Statthalters Landpflegers

**15** Der . . . . . . . stand also immer unter Aufsicht des Statthalters.  ▶ 15

**16** Synedrium

**17** Der Hohe Rat zählte 71 Mitglieder. Zur Zeit . . . . war er in zwei politische Parteien gespalten: in die Gruppe der Sadduzäer und die Gruppe der Pharisäer.  ▶ 17

**18** Hohen Rat/ Synedrium Sadduzäer

**19** Zu den Sadduzäern gehörten vor allem Tempelpriester und Geschäftsleute. Die Handwerker gehörten zu den . . . . . . . . .  ▶ 19

| Antwort | Aufgabe | s. Antwort: |
|---|---|---|
| **1** Juden Galiläa | **2** Jesus lebte zumeist im nördlichen Teil von ........., der Landschaft Galiläa. | ▶ 2 |
| **3** Judäa | **4** Seit dem Jahre 63 vor der Geburt Christi gehörte das gesamte ...... zum römischen Reich, das zur Zeit der Geburt Christi der Kaiser Augustus regierte. | ▶ 4 |
| **5** Augustus | **6** Da der ....... Kaiser sich nicht persönlich um das Land kümmern konnte, setzte er einen Statthalter ein. | ▶ 6 |
| **7** Statthalter | **8** Auch in Judäa und Samaria vertrat ein Statthalter den römischen ...... . | ▶ 8 |
| **9** Galiläa | **10** Dieser ......... Herodes war auch der Landesherr Jesu. | ▶ 10 |
| **11** Statthalter Judäa | **12** Der Statthalter hatte seinen Sitz in der Stadt Caesarea, die am Mittelmeer liegt. Von hier aus traf auch .......... ........ seine Entscheidungen. | ▶ 12 |
| **13** jüdische | **14** Aber ohne Zustimmung des vom römischen ...... eingesetzten ........... konnte dieser Gerichtshof keine Todesurteile fällen. | ▶ 14 |
| **15** Hohe Rat | **16** Im Hohen Rat – auch ......... genannt – waren Männer aus angesehenen Priesterfamilien und Gesetzeslehrer versammelt. | ▶ 16 |
| **17** Jesu | **18** Die Pharisäer hatten im ......... nur eine geringe Bedeutung. Die mächtigste Partei bildeten die ......... | ▶ 18 |
| **19** Pharisäern | **20** Von dieser Gruppe wirst du später noch mehr erfahren. | |

## Wörterpuzzle

| | |
|---|---|
| **Eignung:** | Spielerische Erarbeitung eines Lerninhalts; Wiederholung |
| **Alter:** | 8-12 Jahre |
| **Dauer:** | 10-20 Minuten |
| **Beschreibung:** | Ein Lehrtext wird in Wörter oder Wortgruppen zerschnitten, die Teile werden gemischt, aufgeklebt und als Kopien ausgehändigt. Die Sch. rekonstruieren danach den Text. |
| **Hinweise:** | Da man für das Wörterpuzzle Schere und Kleister braucht, beansprucht die Methode viel Zeit gemessen am Ertrag. Wird sie selten angewandt, macht sie den Sch. aber Spaß. Sie eignet sich deshalb auch gut als Hausaufgabe. |

## Wörtersalat

| | |
|---|---|
| **Eignung:** | Hilft kognitives Wissen zu ordnen; kann begrenzt auch dazu beitragen, Erfahrungen zu strukturieren |
| **Alter:** | 10-16 Jahre |
| **Dauer:** | 10-30 Minuten |
| **Beschreibung:** | Scheinbar bunt gewürfelt stehen zehn bis dreißig Wörter auf einem Blatt. Die Sch. erhalten den Auftrag, diese nach bestimmten Gesichtspunkten zu ordnen. |
| **Hinweise:** | Die Methode kann außerordentlich differenziert und verfeinert werden. Beispiele:<br>a) Nach entsprechenden Unterrichtsreihen erhalten Schüler der Klassenstufe 6 eine Liste mit 30 Wörtern. Sie sollen jeweils zehn Wörter heraussuchen, die zu Mose und zu David passen. (Zehn Wörter sind Füllwörter.) |

b) Zwanzig Wörter, die etwas mit Geld zu tun haben, stehen auf einem Blatt; die Schülerinnen und Schüler der 10. Klasse sollen einen Problemzusammenhang damit herstellen.

c) Etwa dreißig Wörter bezeichnen Personen und Ereignisse der Bibel oder der Kirchengeschichte; zugleich sind Jahreszahlen angegeben. Die Schülerinnen und Schüler sollen die drei Elemente in eine zeitliche und sachliche Ordnung bringen.

# Eine Wissenskarte erstellen (Mind Mapping)

**Eignung:**     Eine Wissenkarte (Mind-Map) hilft,
- ~ Vorkenntnisse zu ordnen
- ~ Zusammenhänge und Probleme zu erkennen
- ~ Wissen zu festigen

**Alter:**     12–18 Jahre

**Dauer:**     10–30 Minuten

**Beschreibung:**     Auf ein leeres Blatt (Querformat) wir der zentrale Begriff geschrieben und eingerahmt. Von diesem Begriff aus entwickeln die Sch. Äste und Zweige, sodass eine Landkarte ihres Wissens entsteht. In einem weiteren Arbeitsschritt können Symbole und kleine Zeichnungen zugeordnet werden, die affektive Zusammenhänge hervorheben.

**Erläuterung:**     Es ist hilfreich, das Verfahren (vor allem beim ersten Mal) in mehreren Schritten zu gehen:
- ~ Sammelt zunächst Ideen: Begriffe, die zum Thema gehören!
- ~ Versucht, diese Begriffe in ein Schema mit Ästen und Zweigen einzutragen.
- ~ Wenn es unübersichtlich wird, ein neues Blatt beginnen!

~ Ein oder zwei Wissenskarten werden im Unterricht vorgestellt.

~ Die Sch. können daraufhin ihre Wissenskarte über-arbeiten bzw. ergänzen.

Hinweise: Naturgemäß sind viele Spielarten möglich:
Sch. können Farbstifte benutzen; man kann mit Textmarkern arbeiten; es können unterschiedliche Bildstrukturen genutzt werden ...

Dieses Verfahren hilft auch am Ende einer Unter-richtsreihe, das angesammelte Wissen bzw. das erwor-bene Problemverständnis zu klären und zu festigen.

## 82 Thesen entwerfen

Eignung: Fördert die Urteilsfähigkeit; schafft Klarheit angesichts komplexer Zusammenhänge; sichert Arbeitsergebnisse

Alter: 14–18 Jahre

Dauer: 15–30 Minuten

Beschreibung: Auf der Grundlage ihrer Sachkenntnis bzw. nach ent-sprechenden Klärungen im Unterricht erhalten die Sch. den Auftrag, in einigen Thesen zu einer ethisch oder existentiell bedeutsamen Frage Stellung zu neh-men, z.B.:

• Welche Maßnahmen sollte man ergreifen, um die Gewalt (an unserer Schule) zurückzudrängen? Fasse deine Vorschläge in drei bis sechs Thesen zusam-men!

• Warum nimmt die Zahl der Ehescheidungen in Deutschland zu? – Stellen Sie Ihre Meinung dazu in ungefähr fünf Thesen dar!

• Immer häufiger haben Oberstufenschüler einen Job. Nehmen Sie dazu Stellung und fassen Sie Ihre Posi-tion in einigen Thesen zusammen.

**Hinweise:**

1. Diese anspruchsvolle Aufgabe eignet sich in höheren Klassen als Einzel- bzw. als Hausaufgabe.
2. Es entwickeln sich aber ganz andere Lernprozesse, wenn – eingebettet in den Unterricht – in Gruppenarbeit solche Thesen erarbeitet werden.
3. Bei entsprechender Motivation kann man beide Möglichkeiten verknüpfen: Aus Thesen, die in Einzelarbeit erstellt wurden, erarbeiten Sch. eine gemeinsame Thesenreihe.
4. Dieses Verfahren kann noch einmal differenziert werden:
   a. Folgenden Thesen stimmen alle zu:
      ...
   b. Folgende Thesen werden von der Mehrheit in unserer Gruppe vertreten:
      ...
   c. Folgende Thesen vertritt eine Minderheit in unserer Gruppe:
      ...

Literatur: Kliemann, S. 74ff.

 ## Argumente kommentieren

| | |
|---|---|
| **Eignung:** | Fördert die Urteils- und Argumentationsfähigkeit; ermöglicht Distanz gegenüber gängigen Meinungen und Vorurteilen |
| **Alter:** | 14–18 Jahre |
| **Dauer:** | 10–20 Minuten |
| **Beschreibung:** | Die Sch. erhalten ein zweigeteiltes Blatt: In der linken Spalte sind einige Argumente zu einem bestimmten Problem aufgeschrieben. In die rechte Spalte soll jeder seine Meinung zu diesem Argument äußern und begründen. Die Ergebnisse werden im Klassengespräch erörtert. |

| | |
|---|---|
| Variante: | Die Sch. sammeln zuerst selbst Argumente, die Jugendliche zu einem bestimmten Problem oder Konflikt immer wieder vorbringen. |

## Reizwortaufgabe

| | |
|---|---|
| Eignung: | Führt in den Problemgehalt einer Unterrichtsreihe ein; eignet sich in der Anfangsphase, auch als Hausaufgabe |
| Alter: | 8–18 Jahre |
| Dauer: | 15–30 Minuten |
| Beschreibung: | Zu einem Stichwort, das zum Streitwert einer neuen Unterrichtsreihe gehört, schreiben Sch. einen eigenen Text. Die Gattung kann festgelegt werden. Sie sollte dann zum Thema und zum Alter der Sch. passen, (z.B. Erzählung, Gedicht, Streitgespräch ...) |
| Beispiele: | ~ Schreiben Sie einen kurzen Text zum Thema »Gottesdienst«! (Klasse 12; vgl. Beispieltext nächste Seite) |
| | ~ Erzähle eine Geschichte zum Stichwort »Taschengeld« (5. Klasse) |
| | ~ Schreibt ein Gedicht zum Stichwort »Abschied« (10. Klasse) |
| Variante: | Bei älteren Sch. kann an die Stelle eines »Reizworts« auch ein Aphorismus treten. |

# Beispieltext zum Thema Gottesdienst

## Muss es so sein?

*So feiern die Kinder Gottes:*

Die Menschen kommen herein mit gemessenen Schritten und ernsten Gesichtern. Sie suchen sich einen Platz ohne umherzuschauen.

Dann wird gemeinsam gesungen. Einige schweigen, die meisten singen mit schwacher Stimme, lustlos, pflichtbewusst.

Hernach wird vorgelesen. Die Augen der Menschen sind gesenkt, die Gesichter ausdruckslos.

Zum Schluss halten sie gemeinsam Mahl. Keiner schaut den anderen an, jeder ist mit sich selbst beschäftigt.

Am Ende stehen alle schweigend auf und gehen mit ernsten Mienen nach Hause. Ein paar bleiben noch sitzen, damit sie diesem oder jenem nicht »Grüß Gott« sagen müssen.


*So feiern die Kinder der Welt:*

Der Raum füllt sich mit fröhlichen Gesichtern. Alle begrüßen sich und freuen sich auf die kommenden Stunden.

Dann wird gemeinsam gesungen. Die Augen blitzen und jeder singt, so gut er kann. Die Lautstärke verrät die gute Stimmung.

Hernach wird eine Geschichte vorgelesen. Alle hören begeistert zu, mit großen Augen und angespannter Miene.

Zum Schluss gibt es noch was zu essen. Gemeinsam wird geschmaust, keiner ist ausgeschlossen, alle reden miteinander, lachen sich zu und fühlen sich wohl.

Als das Fest zu Ende ist, sagen sie einander »Auf Wiedersehen«, schütteln sich die Hände, rufen sich noch etwas zu und machen sich beschwingt auf den Heimweg.

Angela Burmeister

# Kurzdiktat zur Ergebnissicherung

| | |
|---|---|
| **Eignung:** | Dient der Sicherung des Lernprozesses, der Vertiefung wichtiger Einsichten |
| **Alter:** | 8–18 Jahre |
| **Dauer:** | 3–5 Minuten |
| **Beschreibung:** | Wichtige Ergebnisse und Zwischenergebnisse des Unterrichts werden knapp zusammengefasst und diktiert. Dieses Diktat kann vom Tafelbild oder von einem Lehrtext gestützt werden. |
| **Hinweise:** | 1. In der Kürze liegt der Wert. |

2. Wenn sich L. auf ihr Formulierungsgeschick verlassen können, kann das Kurzdiktat aus dem Unterrichtsgeschehen erwachsen. Sonst ist es hilfreich, schon in der Unterrichtsvorbereitung ein knappes Resümee des geplanten Lernprozesses zu formulieren und diese Stichworte – dem Unterichtsverlauf entsprechend – zu modifizieren.

3. Die Methode hat ihren Wert, weil sie den Sch. den Lernprozess durchsichtig macht und Lernfortschritte markiert. Sie wird jedoch fatal, wenn sie gehäuft eingesetzt wird.

4. Manche Sch., die Wert auf ein »schönes Heft« legen, tragen die »Merksätze« lieber zu Hause ein. Auf diese Möglichkeit kann man hinweisen.

## Zitate in einen neuen Text integrieren

Eignung: Dient der Zusammenfassung und Vertiefung; kann auch zur Problemlösung eingesetzt werden
Alter: 14–18 Jahre
Dauer: 15–30 Minuten
Beschreibung: Am Ende einer Unterrichtsreihe erhalten die Sch. ein Blatt, das vier bis sechs (kurze) Zitate enthält, die sich auf den Unterrichtsgegenstand beziehen oder die im Unterricht eine Rolle gespielt haben. Sie sollen nun eine zusammenfassende Abhandlung schreiben, in der diese Zitate verwendet werden.

## Gelenktes Schreiben

Eignung: Sch. verknüpfen einen Inhalt des Religionsunterrichts mit eigenen Erfahrungen und Vorstellungen
Alter: 8–18 Jahre
Dauer: 30–45 Minuten
Beschreibung: Durch ein kreatives Verfahren ( → Brainstorming, Clustern) werden Assoziationen zu einem bestimmten Inhalt gesammelt. Die Sch. erhalten den Auftrag, vor dem Hintergrund dieser Assoziationen einen Text zu entwerfen. Dabei können sie die Gattung frei wählen:
~ einen Brief,
~ einen Dialog,
~ eine Zeitungsnotiz,
~ ein Gedicht,
~ ein Verhör etc.
Die Methode eignet sich gut als Hausaufgabe.

| Hinweis: | Da kreative Fähigkeiten und sprachliche Ausdrucksfähigkeit nicht selbstverständlich entwickelt sind, fällt die Bewertung dieser Arbeiten oft schwer. Grundsätzlich verdient die Ausdrucksgestalt, die Sch. finden, Respekt und Anerkennung. |

# 88   Inhaltsverzeichnis entwickeln

| Eignung: | Dient der Wiederholung; hilft, das erworbene Wissen zu strukturieren |
| Alter: | 14-18 Jahre |
| Dauer: | 10-30 Minuten |
| Beschreibung: | Am Ende einer Unterrichtsreihe oder eines Kurses erhalten die Sch. ein Arbeitsblatt, auf dem die wichtigsten Aspekte des Unterrichts in Stichworten – aber noch nicht geordnet – festgehalten sind. Ihre Aufgabe besteht darin, aus den Stichworten ein »Inhaltsverzeichnis« der Unterrichtsreihe zu erstellen. |
| Variante: | 1. Es wird die grafische Skizze einer Lösung mitgegeben; die Sch. füllen die Grafik, in dem sie Kapitelüberschriften entwerfen und die Stichworte an den passenden Stellen eintragen. |
| | 2. Die Ergebnisse werden zunächst in Kleingruppen verglichen und dann dem Plenum vorgestellt. |

Literatur: Klippert 1994, S. 187f.

# Wie kommt die Welt in unseren Kopf?

Die Welt kommt nicht auf direktem Weg in unseren Kopf, nicht einfach durch sinnliche Wahrnehmung oder durch Erlebnisse. Denn alle unsere Wahrnehmungen werden überformt von Interpretationen: Unser Vorwissen, unsere Erwartungen, unsere emotionalen Einstellungen und unsere Weltbilder legen sich wie ein Filter zwischen »die Wirklichkeit« und unser Erleben und Denken. Wenn wir nun unsere Eindrücke und Erlebnisse niederschreiben, dann dokumentieren wir damit zugleich, wie wir Wirklichkeit wahrnehmen und verarbeiten. Aus dieser Sicht spiegelt auch der überquellende Reichtum der Textwelten die Wahrnehmungsform anderer Menschen. Texte zeigen, wie Menschen Wirklichkeit erfahren und konstruieren. Texte auslegen heißt deshalb: die eigene Art, Welt zu erleben und zu verstehen, mit fremden Wirklichkeitsmodellen zu vergleichen und ins Gespräch zu bringen.

Geradezu unbegrenzt aber scheint die Welt der Texte: Wetterberichte und Rezepte, Gedichte und Romane, Pop-Songs und Tagebuchnotizen, Werbetexte und Gebrauchsanweisungen – diese und viele mehr sind Texte. Wie soll in diesem Vielerlei Ordnung entstehen? – Hilfreich ist zunächst die grobe Einteilung der Textgattungen in

- literarische (poetische) Texte und in
- Sachtexte (pragmatische Texte).

Sachtexte bieten Informationen oder sie analysieren einen Sachverhalt; sie erörtern ein Problem oder sie ergreifen wertend Partei. Hierher gehören Geschichtsschreibungen und Börsenberichte, Lehrtexte in Schulbüchern und Nachrichten, aber auch Essays, philosophische und theologische Texte.

Worin besteht nun der Unterschied zwischen Sachtexten und poetischen Texten? Machen wir uns das an einem Beispiel klar: In Kleidungsstücken ist meistens ein kleiner Zettel eingenäht, der die Produktinformation enthält: »80% Synthetics, 20% Baumwolle«. Der Hersteller (Autor) teilt dem Käufer (Leser) pflichtgemäß mit, dass dieser Pullover zu 80% aus Kunststoffen und zu 20% aus Baumwolle besteht (Referenz/Inhalt der Mitteilung). – Wann hat nun ein Leser diese Botschaft verstanden? Zunächst muss er die Begriffe »Synthetics« und »Baumwolle« kennen, er muss die Prozentangaben entschlüsseln können und vor allem sollte er wissen, was die Gewebemischung für die praktische Verwendung des Kleidungsstücks bedeutet (Schutz vor Kälte, Verträglichkeit am Körper, Waschen etc.). Der Leser muss also sein Wissen aktivieren und die neue Information damit verknüpfen. Er muss die Nachricht interpretieren. In diesem Fall dürfte das nicht allzu schwer sein. Bei komplizierteren Texten aber wird das bis dahin erworbene Wissen durch die neuen Informationen ergänzt, erweitert oder auch in Frage gestellt. Wer etwa einen Text über die Reformation liest, kann danach vielleicht konfessionelle Strukturen in unserer Gesellschaft und Verhaltensmuster einzelner besser verstehen. Er wird also die neuen Einsichten in sein Weltverständnis einbauen. Aber er wird dieses Neue so integrieren, dass seine Welt nicht einstürzt: Er wird die neue Erkenntnis seinen Verstehensmöglichkeiten anpassen und sie dabei auf das für ihn bekömmliche Maß zuschneiden. Es findet also im Verstehen ein komplizierter Prozess der Assimilation und der Akkommodation statt: Das Neue wird angeeignet und gleichzeitig wird es dabei so modifiziert, dass es sich mit den Denkstrukturen verträgt, die der Leser bis dahin aufgebaut hat. Gleichzeitig werden die Denkstrukturen aber so weiterentwickelt, dass sie das ungewohnt Neue einbauen können. Ein faszinierender, hochkomplizierter Prozess!

Aber kehren wir zurück zu den Textilien! 1980 schreibt der Schriftsteller Nicolas Born: »Wir leben zu 80% in Synthetics und zu 20% in Baumwolle«. Die einfache Sachaussage wird jetzt zur Metapher: Im Etikettentext spiegelt sich eine Erfahrung, ein Modus, wie der Zeitgenosse sich in seiner Zivilisation erlebt. Die Sachaussage wird also überschritten auf eine übertragene Bedeutung hin. Und damit ändert sich die Rolle des Lesers. Seine Interpretationsaufgabe wird nun anspruchsvoller. Er muss entdecken, welche Verknüpfungen zwischen seiner Lebenswelt und der Textwelt möglich sind, die er nun symbolisch verstehen muss. Der Text gewinnt damit eine zweite Bedeutungsebene, die in seinem »wörtlichen Verständnis« noch nicht enthalten ist.

Ein literarischer Text wird also erst dann verstanden, wenn die Aussagen des Textes als interpretationsbedürftige Bilder gelesen werden. Ihre Bedeutung erwächst aus dem Dialog zwischen der Lebensgeschichte des Lesers und den Bildwelten des Textes. Nun ist es gewiss kein Zufall, dass poetische Texte gestaltete Sprache sind. Denn die Sprache hat einen eigenen Körper: Klänge und Rhythmen, Satzmelodie und Reime. Und vor allem leben poetische Texte von aussagekräftigen Bildern. Bilder und Klänge aber sprechen tiefere Schichten der Seele an als Begriffe und Gedanken: »Der Herr ist mein Hirte; nichts wird mir fehlen«. Oder: »Die Himmel rühmen des Ewigen Ehre/Ihr Schall pflanzt seinen Namen fort.« Solche Texte wollen ein Echo finden in den Bildern und Träumen, die jeder in sich trägt. Und dennoch erwarten wir – vor allem im Unterricht –, dass wir nicht nur stumm ergriffen sind, sondern uns auch verständigen können über das, was uns durch diese Texte bewegt. Und darin liegen das Glück des Verstehens und der Reiz der Interpretation.

Der christliche Glaube verdichtet sich in einer Fülle von Texten: Lehrgespräche und Predigten, Rundfunkansprachen und Streitgespräche, Segensformeln, Hymnen und Lieder, Gebete. Der Königsweg des Glaubens aber ist die Erzählung: Der Glaube erzählt Geschichten, die Orientierung stiften: Aus dem Chaos entsteht eine geordnete Schöpfung (Genesis 1,1–2, 4a); und jeder, der einem anderen Gutes tut, begegnet Christus (Matthäus 25). Vor allem aber erzählt die Bibel Hoffnungsgeschichten und Begegnungsgeschichten, die quer stehen zu unseren Erfahrungen: Sie erzählt, wie die Israeliten aus der Unterdrückung in Ägypten befreit werden; wie Christus über den Tod hinaus lebendig bleibt. Die Bibel erzählt, wie der junge David über ungerechte Gewalt siegt, und dass die gekrümmte Frau sich wieder aufrichten kann. Geschichten von der Befreiung und von der Erlösung der Menschen. Und damit stellt die Bibel der realen Welt das »Reich Gottes« entgegen, den Traum von einer Welt, die auf Gerechtigkeit und Menschenwürde gegründet ist. – So wächst also Christen eine »zweite Welt« zu: eine Welt von Erzählungen und Bildern. In ihnen kann ein Christ die eigenen Erfahrungen – auch die deprimierenden und sperrigen – wieder finden und bearbeiten. An ihnen können Christen auch Maß nehmen; sie können prüfen, was Leben wertvoll macht.

*P.S.: Diese Darstellung spiegelt natürlich auch die Weltsicht ihres Autors. Wie gut oder wie schlecht diese »Welt« zu der Welt der Leserinnen und Leser paßt, hat sich in der Lektüre herausgestellt.*

# Texte im Religionsunterricht

Eine Chance des Religionsunterricht besteht darin, dass er mit Hilfe von Text Horizonterweiterung betreibt: Die Lebenswelt der Schülerinnen und Schüler soll durchsichtig und für Neues geöffnet werden in der Begegnung mit Textwelten. Und dieses Handwerk des Verstehens will gelernt sein. Texte erschließen sich nur selten von selbst. Was Lehrerinnen und Lehrern vielleicht sofort einsichtig ist, entdecken Schülerinnen und Schüler oft erst in einem längeren Prozess der Klärung und Aneignung. Doch es gibt auch jene kostbaren Augenblicke, in denen Schüler Aspekte eines Textes entdecken, die der Lehrer bei der Vorbereitung übersehen hat. Deshalb erfordert die Arbeit an Texten ein Arrangement, das Konzentration und Freiheit glücklich verknüpft. Formal kann man vier Stufen der Textarbeit unterscheiden, die sich freilich in der Realität des Unterrichts immer wieder durchdringen:

## 1. Die Phase der Textbegegnung
Schon hier werden wichtige Signale gesetzt: Es gilt, den Text wertvoll zu machen. Schülerinnen und Schüler sollen sinnenhaft erleben, dass sie jetzt mit einer für sie wichtigen Nachricht konfrontiert sind. (Deshalb ist es ein Unglück, wenn immer wieder schlecht lesbare Kopien verteilt werden mit der stereotypen Aufforderung: Lest den Text gründlich durch, damit wir darüber diskutieren können!)

## 2. Die Phase der Texterschließung
Nun erweist sich der Text als Ort, an dem unerwartete Entdeckungen möglich sind. Merkwürdige Wörter, überraschende Bilder, verblüffende Einfälle. Und diese Schätze stehen in einer sprachlichen Ordnung; sie sind verknüpft und verweisen aufeinander. Dieser Ordnung gilt es auf die Spur zu kommen.

## 3. Die Phase der Auseinandersetzung
Jetzt sind die Schülerinnen und Schüler eingeladen, ihre Weltsicht und ihre Weltkonstruktion im Gespräch mit dem Text zu klären und weiterzuentwickeln. Sie sollen Verknüpfungen herstellen zwischen der Welt des Textes und ihrer eigenen Welt.

## 4. Die Phase der Textaneignung

Druckereien und Kopiergeräte sorgen seit langem dafür, dass wir mit Texten überschwemmt werden. Wie gelingt es, aus der Flut von Gedrucktem das Wertvolle herauszuziehen und im Gedächtnis zu verankern? Zu dieser Gestaltungsaufgabe sollen die Methoden der Textaneignung beitragen.

# Vier Phasen der Textarbeit

## 1. Die Textbegegnung

Leitfrage:     Wie wird ein Text den Sch. so vorgestellt, dass sie seine Gestalt angemessen erfassen können?

Mögliche
Methoden:     Vorlesen, Erzählen, Verzögerte Texteinführung, Stilles Lesen, Vorbereitete Textbegegnung, Einspielen über Tonträger oder Video, Stummer Impuls, Lückentext, Textpuzzle

## 2. Texterschließung

Leitfrage:     Wie können Sprachgestalt und Inhalt eines Textes so durchsichtig werden, dass die Sch. den Text verstehen und sich mit ihm sachgerecht auseinander setzen können?

Mögliche
Methoden:     Texte gliedern, Texte markieren und unterstreichen, Vom Text zur Tabelle, Text löschen, Erarbeitung nach Leitfragen, Textvergleich, Konfiguration oder Textsoziogramm erarbeiten

## 3. Die Auseinandersetzung mit dem Text

Leitfrage:     Wie lässt sich ein Gespräch führen zwischen der Textwelt und der Lebenswelt der Sch.?

Mögliche
Methoden:     Stellungnahme zum Text, Texte aktualisieren, Antitexte schreiben, Pro-und-Contra-Debatte, Ihr Auftritt, Filmsequenz entwerfen

## 4. Die Textaneignung

Leitfrage:     Wie wird der Text zu einem wertvollen Besitz,
               mit dessen Hilfe die Sch. ihre Lebensgeschichte
               klären und weiterentwickeln können?

Mögliche
Methoden:      Texte auswendig lernen, Vorlesestunde, Text-
               schätze, wertende Auswahl von Texten; da-
               rüber hinaus fördert die immanente Wiederho-
               lung von Texten im Unterricht den Aufbau
               eines kleinen Textkanons.

# Vorlesen

| | |
|---|---|
| **Eignung:** | Ein Text wird »körperhaft« wahrnehmbar. Erlebnisfähigkeit und Vorstellungsvermögen der Sch. werden unmittelbar angesprochen. |
| **Alter:** | 6–18 Jahre |
| **Dauer:** | 1–45 Minuten |
| **Beschreibung:** | Je nach Länge und Charakter des Textes tragen folgende Elemente zum Gelingen des Vorlesens bei: |

- Vorbereitung:
~ Den Text mehrmals laut lesen.
~ Sich Klarheit über den Textinhalt verschaffen (sich Handlung oder Gedankengang verdeutlichen; Wortbedeutungen klären; Kontexte heranziehen etc.).
~ Den Text bearbeiten: Durch Querstriche (/) werden Sinnschritte markiert/und durch Akzente (') Haltepunkte. Mit den Sinnschritten ' gibt man zugleich Anhaltspunkte für das Atmen./Sinntragende Wörter werden durch Unterstreichen ' oder mit dem Marker hervorgehoben./

- Hinweise zum Lesen:
~ Einen Vorleseplatz einnehmen, an dem man fest und ruhig stehen und von dem aus man Blickkontakt zu den Hörerinnen und Hörern halten kann.
~ Entspannt und zugleich bewusst atmen.
~ Stimme als variables Instrument einsetzen: dynamisch (langsam – schneller, lauter – leiser) und melodisch (höher    tiefer, betont – tonlos) den Text schwingen lassen.
~ Dabei genügend Zeit zum Atmen nehmen und durch Pausen Aufmerksamkeit fördern.
~ Immer wieder vom Blatt aufschauen und Blickkontakt mit den Zuhörerinnen und Zuhörern behalten.

Literatur: Moll/Lieberherr, Band 2, S. 69–75

# Text über Tonträger oder Video einspielen

**90**

| | |
|---|---|
| **Eignung:** | Begünstigt konzentriertes Zuhören; entlastet Lehrerin oder Lehrer |
| **Alter:** | 6–18 Jahre |
| **Dauer:** | 5–20 Minuten |
| **Beschreibung:** | L. bringt einen Text als »Konserve« mit und spielt ihn mithilfe eines Kassettenrekorders bzw. CD-Spielers oder Videorekorders ab. |
| **Hinweise:** | |

- So ärgerlich es für engagierte L. auch klingen mag: Ein medial präsentierter Text wirkt oft eindrucksvoller als der mündliche Vortrag der Lehrperson.
- Diese Methode wird in der Schulpraxis stiefmütterlich behandelt, obwohl es eine Überfülle von guten Tonaufnahmen gibt: Bibellesungen, Schauspiele, Lesungen literarischer Texte am Rundfunk, Mitschnitte aus Sendungen des Schulfunks und des Schulfernsehens, Kinderhörspiele und Märchen, Kirchenfunksendungen und Rundfunkvorträge. – Ein Blick in Programmzeitschriften und Verlagskataloge lohnt sich.
- Auch »Amateuraufnahmen», die L. oder ihre Verbündeten selbst herstellen, wirken entlastend und motivierend. (Wenn man selbst einen Text aufnimmt, kann man so lange daran arbeiten, bis man mit dem Ergebnis zufrieden ist. Im Unterricht dagegen ist immer nur eine »Aufführung« möglich.)
- Wie immer, wenn Medien eingesetzt werden, gilt: Die Technik muss klappen. Konkret: Funktioniert der Kassettenrekorder? Ist er laut genug für den großen Raum oder ist ein zusätzlicher Lautsprecher/Verstärker nötig? Ist das Band auf den Textanfang gespult? ...
- Bei schwierigen Texten kann es ertragreich sein, dass die Sch. den Vortrag gleichzeitig hören und lesen.

 **Stummer Textimpuls**

| | |
|---|---|
| **Eignung:** | Konfrontiert mit einer neuen Einsicht; fokussiert die Aufmerksamkeit |
| **Alter:** | 10-18 Jahre |
| **Dauer:** | 5-10 Minuten |
| **Beschreibung:** | L. schreibt stumm einen kurzen Text (Aphorismus, Zitat, einen Vers aus einem Gedicht) an die Tafel und wartet die Reaktion der Sch. ab. Im Rundgespräch tauschen die Sch. ihre Eindrücke aus. |
| **Variante:** | Der kurze Text wird über Overheadprojektor eingegeben. Durch Auswahl bzw. Abdecken ist es dann auch möglich, einen kleinen Auszug aus einem größeren Zusammenhang zu präsentieren. |
| **Hinweise:** | • Der Impulstext muss prägnant und aussagekräftig sein (z.B. »Ein Gott, den es gibt, den gibt es nicht.« – »Der Tod dauert das ganze Leben. Aller Voraussicht nach hört er auf, sobald er eintritt.«)<br><br>• Aus einem größeren Text, der zur Bearbeitung ansteht, kann ein markanter Satz als stummer Impuls herausgelöst werden. Dadurch kann für die Auseinandersetzung mit dem Text im Ganzen motiviert werden (»Wer ist mein Nächster?« – »Wir wollen eine Stadt bauen mit einem Turm, der bis zum Himmel reicht.«) |

# Textbild grafisch gestalten

Eignung: Erleichtert den Zugang zum Text; unterstreicht den ästhetischen Wert eines Textes

Alter: 6–18 Jahre

Beschreibung: Der Text wird grafisch so gestaltet,

~ dass er leicht zu erfassen und zu bearbeiten ist (vor allem bei Sachtexten),

~ dass er ansprechend und einladend wirkt (vor allem bei literarischen Texten).

Hinweise: In dem Maß, in dem Computer alltägliche Arbeitsgeräte werden, fällt es auch leicht, Texte grafisch ansprechend zu gestalten. Freilich, die handwerkliche Kunst, die ein Schriftsetzer in drei Jahren erlernen konnte, lässt sich nicht en passant erwerben. Schrittweise aber kann man verschiedene Gestaltungsmöglichkeiten erproben:

~ Rahmen und Tabellen,

~ Wechsel verschiedener Schriftgrößen und Schriftarten,

~ Raumaufteilung und Layout.

# Vorbereitete Lektüre

Eignung: Intensive Auseinandersetzung mit einem längeren Text

Alter: 16–18 Jahre

Dauer: 1–3 Stunden

Beschreibung: Ein längerer Text (z.B. über Ursachen für die Armut in der Dritten Welt; Biographie von Las Casas; Entstehung und Bedeutung des Koran ...) wird (zu Hause) von den Sch. gelesen und evtl. in Thesen zusammengefasst. Sie klären dabei auch unbekannte Wörter und Hintergründe mit Hilfe entsprechender Nachschlagewerke. Die Arbeitsergebnisse fließen in den Unterricht ein.

| Variante: | Arbeitsteilig erschließen sich die Sch. mehrere Texte, die sich auf einen zusammenhängenden Problemkreis beziehen. Die Ergebnisse werden in den Unterricht eingebracht. Auf diese Weise kann auch eine überschaubare Aufsatzsammlung bzw. ein Themenheft für den Unterricht genutzt werden, z.B.: Taschenbücher zum Thema Gewalt oder zum Islam; Themenhefte über Arbeitslosigkeit, neue Medien, Ausländer; hierzu bieten die Serien »Spiegel Special« und »Zeit-Punkte« reichhaltiges Material. |
|---|---|

## 94 Vorbereitete Textbegegnung

| Eignung: | Motiviert zur Konzentration; lenkt die Aufnahmebereitschaft |
|---|---|
| Alter: | 8–18 Jahre |
| Dauer: | 10–20 Minuten |
| Beschreibung: | Ehe ein Text vorgestellt wird, erhalten die Sch. Informationen, durch die Bedeutung oder Inhalt des Textes besser hervortreten. |
| Variante: | Solche Informationen können sein: |

~ Sachinformationen (unbekannte Begriffe, Hintergrundwissen),
~ der zeitgeschichtliche oder der biographische Kontext,
~ das zugrunde liegende Problem,
~ die Wirkung, die ein Text hatte (Gelehrtenstreit, Parlamentsdebatte, Indizierung, Strafverfolgung des Verfassers etc.)

Bei entsprechender Vorbereitung können auch die Sch. selbst derartige Informationen beschaffen und vermitteln.

# Verzögerte Textbetrachtung

| | |
|---|---|
| Eignung: | Erleichtert das Erfassen eines schwierigen Textes |
| Alter: | 14–18 Jahre |
| Dauer: | 10–20 Minuten |
| Beschreibung: | Aus einem größeren Text wird ein Abschnitt analysiert oder erläutert, ehe sich die Sch. mit dem ganzen Text befassen. |
| | Dabei kann ein besonders schwieriger Gedankengang im Lehrervortrag erläutert werden, (evtl. unterstützt durch eine Skizze an der Tafel). Dann sollten die Sch. in der Lage sein, den Text im Ganzen zu bearbeiten. |
| Hinweis: | Diese Methode hilft, Enttäuschung zu vermeiden (»Das verstehe ich nie!«), zugleich aber verstärkt sie die Lehrerzentrierung des Unterrichts. |

# Textpuzzle

| | |
|---|---|
| Eignung: | Spielerische Einführung |
| Alter: | 8–14 Jahre |
| Dauer: | 10–30 Minuten |
| Beschreibung: | Ein Text wird in (kleinere) Abschnitte zerschnitten. Die Schüler fügen die durcheinander geratenen Teile wieder zusammen. |
| Variante: | 1. Es werden ein oder zwei Textteile beigefügt, die nicht in den Text gehören. (Fairerweise sollten die Sch. aber darauf hingewiesen werden.) |
| | 2. Die Textteile sind nicht zerschnitten, sondern erscheinen vertauscht auf einem Blatt und werden von Schülern durch Nummerieren in die richtige Reihenfolge gebracht. |

# Text ergänzen (Lückentext)

| | |
|---|---|
| **Eignung:** | Führt zu vertieftem Textverständnis; appelliert an Scharfsinn |
| **Alter:** | 8–18 Jahre |
| **Dauer:** | 5–20 Minuten |
| **Beschreibung:** | Ein Text wird »verlückt«, d.h. entscheidende Wörter oder Satzteile fehlen. Sch. sollen die fehlenden Stellen nach eigenen Vorstellungen füllen. Ihr Arbeitsergebnis wird mit dem anderer Sch. und mit dem Original verglichen. |
| **Variante:** | 1. Die Aufgabe wird erheblich vereinfacht, wenn Lösungswörter unter dem Text notiert sind. |
| | 2. Für jede Lücke können mehrere Lösungsmöglichkeiten zur Wahl angeboten werden. |
| | 3. Anfangswörter der Lösungswörter bilden ein neues Wort oder gar einen Satz (vor allem bei Sachtexten). |
| **Hinweise:** | Bei literarischen Texten ist das Verfahren nur dann fruchtbar, wenn die Lösungen der Schüler akzeptiert werden. »Richtig« ist also nicht nur die eine Lösung, die dem Original entspricht. Vielmehr sollten die Lösungen der Schüler untereinander und mit dem Original verglichen werden. Dabei wird geprüft, welche Wirkung die jeweilige Lösung hat. |

# Text markieren und unterstreichen

| | |
|---|---|
| **Eignung:** | Hilft, Sachtexte zu erschließen; erleichtert die Wiederholung |
| **Alter:** | 16–18 Jahre |
| **Dauer:** | 10–20 Minuten |
| **Beschreibung:** | Die Sch. erhalten den Auftrag, einen Text durch Unterstreichen und Markieren zu bearbeiten. Dabei bewährt sich ein Vorgehen in mehreren Schritten: |

- Bleistift, Lineal, Textmarker, dünnen roten Filzschreiber und Radiergummi bereitlegen.
- Den Text durchlesen, damit klar wird, worum es geht.
- Wichtige Stellen zunächst mit Bleistift unterstreichen, damit der gedankliche Aufbau durchsichtig wird. – Nach diesem Durchgang überprüfen, ob wirklich das Wichtigste ausgewählt wurde. Überflüssige Unterstreichungen ausradieren.
- Schlüsselbegriffe (und nur diese) mit dem Textmarker hervorheben. (Also keineswegs ganze Sätze markieren!)
- Wichtige Erläuterungen zu den Schlüsselbegriffen mit rotem Stift und Lineal dünn unterstreichen.
- Schlüsselbegriffe geordnet auf einen zweiten Zettel schreiben. Dann überprüfen, ob man anhand dieser Schlüsselbegriffe den Textzusammenhang rekonstruieren kann. Falls das nicht so ist, Text noch einmal lesen und evtl. zusätzliche Schlüsselbegriffe markieren.

Literatur: Klippert 1994, S. 105–108

## Vom Text zur Tabelle

Eignung: Sichert das Verstehen von Sachtexten, macht die logische Struktur der neuen Inhalte bewusst

Alter: 14-18 Jahre

Dauer: 15-20 Minuten

Beschreibung: Den Sch. wird ein Blatt ausgehändigt, das drei Elemente enthält:

a) einen Sachtext,

b) eine Tabelle, die zur logischen Struktur des Sachtextes passt,

c) eine Arbeitsanweisung, die erklärt, welche Informationen die Sch. in die Tabelle übertragen sollen.

Literatur: Klippert 1994, S. 110-113

## Erfundene Wahrheit

Eignung: Erweiterung des Wirklichkeitsverständnisses; Einübung in literarisches Verstehen

Alter: 8-14 Jahre

Dauer: 10-20 Minuten

Beschreibung: Ein einfacher, kurzer literarischer Text (Fabel, Parabel, Gleichnis) wird den Sch. präsentiert und danach gefragt, ob der Text »wahr« ist. Im darauf folgenden Unterrichtsgespräch werden die Begriffe »wirkliches Geschehen« und »erzählte Wahrheit« eingeführt und mit Bedeutung gefüllt.

Literatur: Kurz, S. 51-53

# Text gliedern

| | |
|---|---|
| **Eignung:** | Vermittelt einen Überblick über den Text; erfordert gründliches Lesen |
| **Alter:** | 14–18 Jahre |
| **Dauer:** | 5–10 Minuten |
| **Beschreibung:** | Ein Text wird so vorgelegt, dass Sch. leicht die Gliederung markieren können. Sie geben den Umfang der einzelnen Abschnitte an und charakterisieren durch eine Überschrift oder durch ein Stichwort den jeweiligen Abschnitt. |
| **Variante:** | Die Gliederung ist vorgegeben. Die Sch. formulieren die Überschriften. |
| **Hinweise:** | Diese Methode kann erleichtert werden<br>~ durch einen breiten Rand,<br>~ durch typographisch hervorgehobene Textelemente. |

# Text löschen

| | |
|---|---|
| **Eignung:** | Vertieft das Textverständnis<br>Motiviert durch die Eigentätigkeit |
| **Alter:** | 12–18 Jahre |
| **Dauer:** | 10–30 Minuten |
| **Beschreibung:** | Sch. erhalten den Text. Sie sollen ihn mit einem schwarzen Filzstift so übermalen, dass nur noch die Rohinformation (bzw. der Handlungskern) übrig bleibt. (Arbeitsanweisung: Streicht im Text alle Wörter, die man nicht unbedingt für das Verständnis braucht!) Die Ergebnisse werden verglichen und diskutiert. |

# Erarbeitung eines Textes nach Leitfragen

**Eignung:** Fördert den selbstständigen Umgang mit dem Text; bezieht grundsätzlich alle Sch. ein

**Alter:** 8–18 Jahre

**Dauer:** 10–30 Minuten

**Beschreibung:** Auf einem Arbeitsblatt – bzw. durch Tafelanschrieb – erhalten die Sch. Fragen, die in das Textverständnis einführen.

**Variante:**
1. Das Arbeitsblatt enthält auch Informationen über den Text bzw. Hinweise zur Auslegung.
2. Wenn die selbständige Arbeit noch schwer fällt, ist eine Hilfestellung sinnvoll: Das Arbeitsblatt ist in zwei Spalten geteilt; die Leitfragen sind in beiden Spalten diesselben. In der linken Spalte aber sind die Fragen beantwortet; diese Antworten beziehen sich auf einen strukturanalogen Text, der unmittelbar davor bearbeitet wurde. In Analogie zu diesen Antworten können die Schüler dann leichter die Leitfragen bearbeiten.
3. Zur Ergebnissicherung wird das Arbeitsblatt (nur die Fragen) auf eine Overhead-Folie kopiert. Zutreffende Antworten werden im Laufe der Stunde eingetragen, und die Sch. können ihre Lösungen berichtigen und vervollständigen.

 **104**

# Erarbeitung unterschiedlicher Auslegungen

| | |
|---|---|
| **Eignung:** | Einführung in mehrdimensionale (Bibel-)Auslegung |
| **Alter:** | 12–18 Jahre |
| **Dauer:** | 15–30 Minuten |
| **Beschreibung:** | In arbeitsteiliger Gruppenarbeit skizzieren Schüler nach Leitfragen zwei Auslegungen eines (biblischen) Textes. Die Leitfragen werden so gestaltet, dass mit großer Wahrscheinlichkeit unterschiedliche Interpretationen entstehen. Die Arbeitsergebnisse werden verglichen un der jeweilige Weg auf seine Berechtigung untersucht. |
| **Variante:** | 1. Die Leitfragen werden ergänzt durch einen hinführenden Problemtext (z.B.: die Situation der frühen Gemeinden als Auslegungshintergrund. – Ein Bericht aus dem Erfahrungsbereich der Jugendlichen als Kontext der Auslegung etc.). |
| | 2. Die Sch. erarbeiten nur eine Auslegung, eine kontrastierende Deutung wird später vorgelegt bzw. vom L. referiert. |
| **Beispiel:** | Zu einer Wundergeschichte erhalten die Sch. Arbeitsblätter. Eine Gruppe wird durch Leitfragen zu einer christologischen Interpretation angeleitet; die andere Gruppe interpretiert die Erzählung als Darstellung einer menschlichen Grunderfahrung (z.B.: Blindenheilung als Erkennen des wahren Selbst). – Beide Lösungen werden gegenübergestellt. – Diskussion: Welche Deutung passt besser zum biblischen Text? |

# Textvergleich

| | |
|---|---|
| **Eignung:** | Schärft den Blick für die Eigenart bzw. Intention eines Textes |
| **Alter:** | 10–18 Jahre |
| **Dauer:** | 10–30 Minuten |
| **Beschreibung:** | Zwei motiv- oder themenverwandte Texte werden verglichen und ihre Besonderheiten werden festgehalten. |
| **Variante:** | 1. Zwei Überlieferungsstufen eines Textes werden verglichen (z..B.: Urfassung und redaktionelle Endfassung; synoptischer Vergleich). |
| | 2. Themengleiche Texte, die zu gegensätzlichen Schlussfolgerungen gelangen, werden verglichen und die Überzeugungskraft der jeweiligen Position überprüft. |

# Vergleich des Bibeltextes mit einer Transformation

| | |
|---|---|
| **Eignung:** | Fördert die Wahrnehmung des Bibeltextes; erschließt Aktualisierungsmöglichkeiten |
| **Alter:** | 8–18 Jahre |
| **Dauer:** | 10–20 Minuten |
| **Beschreibung:** | Eine Bearbeitung des Textes wird den Sch. vorgestellt. Frage: Wie verändert diese Bearbeitung den Bibeltext und seine Intentionen? |
| **Variante:** | 1. Ausgangspunkt ist die Transformation. |
| | 2. Zwei Transformationen werden verglichen und mit der biblischen Vorlage in Beziehung gesetzt. |
| | 3. Die Transformation dient als Vorlage für Arbeiten der Sch. |

| Hinweise: | 1. Als Transformationen kommen in Frage: Verfilmungen, Hörspiele, Verfremdungen aus der modernen Literatur, meditative Aktualisierungen, Bilder und Comics, Lieder zur Bibel. |
| | 2. Zahlreiche Transformationen biblischer Texte enthält die umfangreiche Sammlung »Biblische Texte verfremdet«, 12 Bde., hrsg. von Horst Klaus und Sigrid Berg, Kösel, München, 1986–1990 |

# Text in einer Bildgeschichte wiedergeben

| Eignung: | Spielerische und kreative Form, einen Text zu gliedern und zu interpretieren |
| Alter: | 8–14 Jahre |
| Dauer: | 20–45 Minuten |
| Beschreibung: | Die Sch. werden gefragt, welche Bilder man zu einer Erzählung malen kann. (Dadurch wird indirekt die Gliederung des Textes erarbeitet.) Das Ergebnis hält man fest (Tafel, Overhead-Projektor). Nun wird mit den Sch. vereinbart, wie sie die Bilder zeichnen oder malen wollen. |
| Variante: | 1. Sch. malen (nach Absprache) einzelne Bilder, die zu einem Bilderfries zusammengefasst werden. |
| | 2. Eine Bilderfolge wird als Bildgeschichte gezeichnet (evtl. in Gruppenarbeit). |

## Eine Filmsequenz entwerfen

Eignung:        Der Aufbau des Textes und seine Intentionen werden
                erarbeitet, schöpferische Fähigkeiten geweckt
Alter:          14-18 Jahre
Dauer:          Eine oder mehrere Stunden
Beschreibung:   Zu einer (biblischen) Erzählung soll eine Sequenz von
                Szenen für einen Film entworfen werden. In entspre-
                chenden Tabellen können die Schüler Ort, Personen,
                Handlung und Dialoge aufzeichnen.
Variante:       1. Die Skizze wird zu einem Drehbuch weiterentwi-
                   ckelt, evtl. sogar von Schülern im Rahmen eines
                   Videoprojekts inszeniert.
                2. Die einzelnen Szenen werden arbeitsteilig in Grup-
                   penarbeit entwickelt.

## Konfiguration eines Textes erarbeiten

Eignung:        Hilft zur Analyse des Textes
Alter:          13-18 Jahre
Dauer:          10-20 Minuten
Beschreibung:   Die Beziehung zwischen den handelnden Personen
                wird grafisch dargestellt und beschriftet.
Variante:       1. Die Sch. entwerfen die Konfigurationen selbststän-
                   dig. (Auftrag: Stellen Sie die Beziehung zwischen
                   den Personen grafisch dar und notieren Sie die In-
                   teraktionen!)
                2. Die Grafik wird (als unvollständige Skizze) ausge-
                   händigt, die Sch. tragen die Beziehungen ein und
                   beschriften sie.
                3. Die Konfiguration wird im Klassenunterricht erar-
                   beitet.
                4. Die Konfiguration wird den Schülern vorgelegt
                   und als Hilfe zur Textauslegung genutzt.

# Konfiguration der Erzählung
# von Kain und Abel

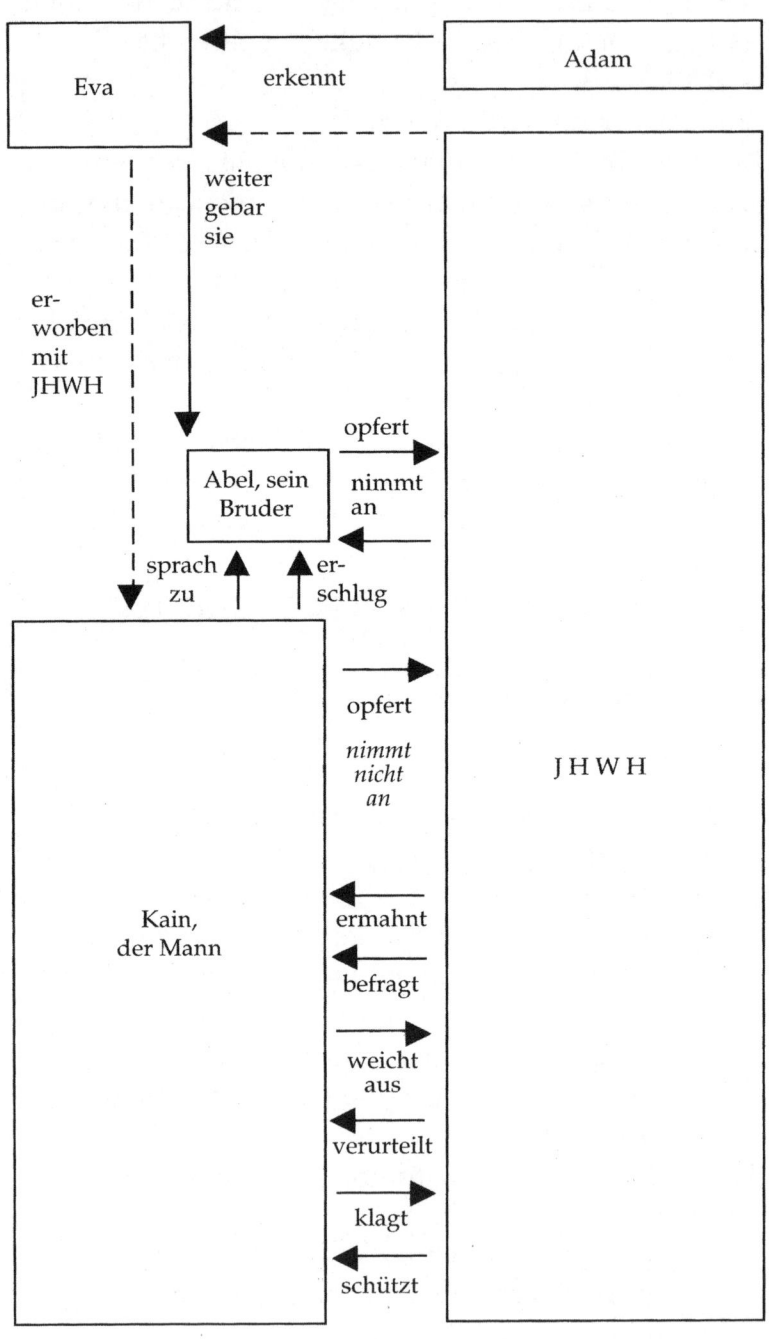

# Ein Textsoziogramm erstellen

| | |
|---|---|
| **Eignung:** | Hilft, die Textstruktur zu erfassen; gibt Impulse zu Interpretationen |
| **Alter:** | 14–18 Jahre |
| **Dauer:** | 15–20 Minuten |
| **Beschreibung:** | Die Sch. gestalten eine einfache Grafik: |

- Auf einem Kreis werden die Personen einer Erzählung notiert.
- Durch (verschiedenfarbige) Pfeile werden Dialoge und Interaktionen zwischen den Personen eingezeichnet.
- Das Ergebnis wird ausgewertet.

**Beispiel:** Dialogstruktur der Erzählung von Kain und Abel

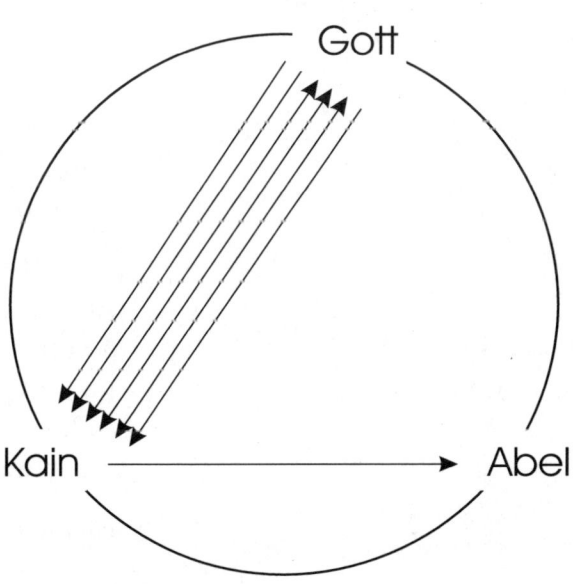

# Aphorismen auswählen und kommentieren

| | |
|---|---|
| **Eignung:** | Das Problembewusstsein der Sch. wird aktiviert. Sie klären und vertiefen ihre Vorstellungen in der Auseinandersetzung mit Aphorismen |
| **Alter:** | 16–18 Jahre |
| **Dauer:** | 15–30 Minuten |
| **Beschreibung:** | Den Sch. wird eine Liste mit sechs bis zwölf thematisch verwandten Aphorismen ausgehändigt. Sie erhalten den Auftrag, einen Aphorismus auszuwählen und (schriftlich) zu begründen warum sie sich für diesen Aphorismus entschieden haben. Die Begründungen werden vorgetragen und verglichen. |
| **Variante:** | 1. Nach der Auswahl des Aphorismus arbeiten die Sch. zusammen, die die gleiche Wahl getroffen haben.<br>2. Einige Sch. suchen zu Hause bzw. in der Schulbücherei Aphorismen, die dann in der Klasse vorgestellt werden. (evtl. Literatur bereitstellen!). |

**Beispiel:**

Jeder Mensch ist
ein Künstler.

*Josef Beuys*

Der größte Mensch ist
nichts anders als nur ein
Tier, das sich als Gott
verkleidet hat.

*Francis Picabia*

Man kann sehr lange
leben, ohne zu leben

*James Baldwin*

Wenn wir die Menschen
nur so nehmen, wie sie
sind, so machen wir sie
schlechter.

*Johann Wolfgang Goethe*

Schrecklich ist vieles,
nichts aber schrecklicher
als der Mensch.

*Sophokles*

Der Mensch übersteigt den
Menschen unendlich.

*Blaise Pascal*

Ich bin eigentlich ganz
anders. Ich komme nur
so selten dazu.

*Ödon von Horváth*

Was ist der Mensch?
Etwas, das gedemütigt
werden kann.

*Nach Avishai Margalit*

**1. Wählen Sie den Aphorismus aus, der Ihnen am besten gefällt!**
**2. Erläutern Sie, warum Sie sich für diesen Aphorismus entschieden haben!**

# (Bibel-)Text umformen

| | |
|---|---|
| Eignung: | Fördert Textverständnis; reizt als kreative Arbeit |
| Alter: | 12-18 Jahre |
| Dauer: | 15-45 Minuten |
| Beschreibung: | Der biblische Text wird sprachlich neu gestaltet, die inhaltlliche Übereinstimmung mit dem Original bleibt aber gewahrt. – Möglich sind folgende Formen: |

~ Nacherzählung,
~ knappe Inhaltsangabe,
~ Zeitungsmeldung,
~ Polizeibericht,
~ Brief,
~ Précis (Der Text wird auf ein Drittel seines Wortbestandes verringert – plus/minus 10% –; die Wörter des Originals sollen aber nicht erneut verwendet werden, der Stil soll jedoch beibehalten werden.– Diese Methode ist nur möglich bei entsprechenden Erfahrungen der Sch. im Deutschunterricht.)

| Hinweise: | 1. Diese Methoden sind grundsätzlich für jede Alters-stufe geeignet. Ihr Gelingen hängt aber in hohem Maß von der Arbeitsweise im Deutschunterricht ab. |
|---|---|

1. Diese Methoden sind grundsätzlich für jede Alters-stufe geeignet. Ihr Gelingen hängt aber in hohem Maß von der Arbeitsweise im Deutschunterricht ab.
2. Die neuen Texte, die so entstehen, sind »eigene Werke« der Sch. Sie wollen mit Aufmerksamkeit und Anerkennung entgegengenommen sein. Diese Wertschätzung kann sich in etwa auch darin äu-ßern, das ein »Sammelband« in der Klasse entsteht, in dem die jeweils besten Arbeiten eingetragen wer-den. (Dieser Hinweis gilt auch für die folgenden Methoden).
3. Nicht jeder biblische Text kann in eine Zeitungsmel-dung, in einen Polizeibericht, oder in einen Brief umgeformt werden. Mythische Erzählungen und Wundergeschichten kommen dafür nicht in Frage. Möglich sind beispielsweise aber: Polizeibericht zur Erzählung vom Samariter; Zeitungsmeldung zur Vertreibung der Händler aus dem Tempel etc.

# (Bibel-)Text perspektivisch erzählen

| Eignung: | Ermöglicht Identifikation mit einer Erzählung; weckt schöpferische Kräfte |
|---|---|
| Alter: | 12-18 Jahre |
| Dauer: | 20-45 Minuten |
| Beschreibung: | Ein (biblischer) Text wird aus der Perspektive einer Erzählfigur neu erzählt. |

**Beispiele:**

Der ältere Sohn erzählt die Geschichte seines Bruders (Lukas 15, 10-31), Pilatus erzählt seiner Frau vom Pro-zess Jesu

Martha schreibt einer Freundin einen Brief über den Besuch Jesu (Lukas 10,38-42)

Literatur: Gabriele Miller: Kreativer Umgang mit biblischen Texten, Materialbrief RU 4/91, hrsg. vom Deutschen Katecheten-Verein, Prey-singstr. 83c, 81667 München

# Biblische Texte aktualisieren

| | |
|---|---|
| **Eignung:** | Stiftet Identifikationsmöglichkeiten; verkleinert den Graben zwischen damals und heute |
| **Alter:** | 14–18 Jahre |
| **Dauer:** | 10–45 Minuten |
| **Beschreibung:** | Ein biblischer Text löst oft Befremden aus, weil er in einer Vorstellungswelt und in einer Sprache beheimatet ist, die heutigen Sch. fremd geworden ist. Die Aufgabe der Sch. besteht nun darin, die biblische Vorlage in Diktion und Inhalt heutigem Verständnis anzupassen. Die Ergebnisse werden mit der biblischen Vorlage verglichen und Gewinn und Verlust der Transformation bedacht. |

**Beispiel:**

*Elisabeth rief: »Wahnsinn, Maria in meinem Haus! Mein Kind könnte hüpfen vor Freude!« Maria sagte: »Ja, ich bin hier, und jetzt hör zu, was ich dir zu sagen habe:*
*Ich weiß, was Gott drauf hat / und ich könnte kreischen vor Freude über Gott meinen Retter / er hat gesehen, wie arm ich dran war und jetzt verehren mich alle / ja er hat mich zum Superstar gemacht und das find ich toll. (…). Die Bonzen lässt er leer ausgehen / ja, der da oben hat was drauf.«*

Aus: Ameli Baum-Resch: Das Magnificat, Katechetisches Institut des Bistums Trier, Hinter dem Dom 1, 54296 Trier, S. 13

 115

## Antitexte schreiben

| | |
|---|---|
| **Eignung:** | Hebt den Streitwert eines (biblischen) Textes hervor; konfrontiert mit erfahrener Wirklichkeit |
| **Alter:** | 14–18 Jahre |
| **Dauer:** | 20–45 Minuten |
| **Beschreibung:** | Biblische Erzählungen sind oft deshalb so faszinierend, weil sie der normalen Erwartung widersprechen. Weil der biblische Text aber so vertraut klingt, wird sein überraschender Inhalt leicht übersehen. Deshalb erhalten die Sch. den Auftrag: Arbeitet den biblischen Text so um, dass er den normalen Erwartungen und Verhaltensweisen entspricht! (In diesem Sinn können etwa Teile der Bergpredigt und Begegnungsgeschichten der Evangelien, aber auch Gleichnisse und Streitgespräche bearbeitet werden.) |
| **Beispiel:** | *Es war einmal ein Zöllner namens Levi. Er hatte viel Geld, ein schönes Haus, eine nette Frau und viele, viele Kinder. Nun ergab es sich, dass der Familienvater eines Tages wieder an seinem Zoll saß und seiner Arbeit nachging, als plötzlich ein merkwürdiger Prediger namens Jesus vorbeikam und auf ihn einredete. Er hätte so großen Hunger, hieß es, und dass ein derart reicher Zöllner, wie Levi einer war, der ihm doch bitte etwas zu essen geben könne. Levi war sich dieser Tatsache natürlich bewusst und lud ihn kurzerhand zu einem Festessen bei sich zu Hause ein. Allen schmeckte das Mahl, für welches seine Frau einige Stunden der Zubereitung gewidmet hatte, jedoch war Jesus ein undankbarer Gast, denn anstatt sich zu bedanken, beleidigte er seinen Gastgeber: Er nannte Levi einen Kranken und war letztlich sogar der Meinung, dass dieser einen Arzt nötig hätte. Daraus lernte Levi etwas: Er lud jetzt niemanden mehr zu sich ein, wurde mit der Zeit bösartig und einsam und starb als verbitterter, alter Miesepeter.*<br><br>*Daniel B., 11. Klasse* |

 **116**

# Neue Gleichnisse schreiben

| | |
|---|---|
| Eignung: | Weckt Phantasie, ermöglicht Transfer |
| Alter: | 9–18 Jahre |
| Dauer: | 15–60 Minuten |
| Beschreibung: | Die sprachliche Gestalt eines neutestamentlichen Bildwortes oder eines Gleichnisses wird geklärt. Die Sch. erhalten den Auftrag, in Analogie zu dieser Vorlage ein »neues Gleichnis vom Reich Gottes« zu schreiben. |
| Hinweis: | Obwohl die Aufgabe anspruchsvoll ist, lösen Schüler sie gern (ab der 4. Grundschulklasse). Da erfahrungsgemäß sich aber einige Sch. schwer tun mit der schriftlichen Gestaltung, kann man als alternative (Haus-)Aufgabe ein Bild zu einem Gleichnis malen lassen. – Gerade für jüngere Schüler eignen sich Bildworte und Kurzgleichnisse (Gleichnis vom Senfkorn, vom verlorenen Schaf etc.) In der Erläuterung der Aufgabe wird die Sprachgestalt verdeutlicht (evtl. mit Satzbögen, Einschwingen in die Satzmelodie etc.). Deutlich weist man aber auch darauf hin, dass das Gleichnis einen »Überschritt« (die »Extravaganz«) enthält, nämlich die Pointe, in der die Wirklichkeit überboten wird. (Aus dem Senfkorn wird nicht nur eine Staude, sondern »ein Baum«. – Der Vater im Gleichnis vom verlorenen Sohn nimmt den Gestrandeten nicht nur wieder auf, er feiert sogar ein Fest etc.) |
| Beispiel: | *Mit dem Reich Gottes ist es wie mit einem Lehrer, der in die Schule ging um zu lehren.* |
| | *Während er lehrte, waren einige Schüler in Gedanken noch bei einem Fußballspiel, das sie gestern gesehen hatten, und sie lernten nichts.* |
| | *Andere hatten Sorgen, weil ihre Eltern im Streit lagen und sich trennen wollten; sie konnten nichts verstehen von dem, was der Lehrer ihnen sagte.* |

*Andere wirkten zwar eifrig, aber die vielen Eindrücke und Ablenkungen des Alltags überwucherten das Gelernte schnell. Andere aber waren innerlich frei und aufmerksam; sie merkten sich gut, was der Lehrer sie lehrte, und behielten es ihr Leben lang.*

## Stellungnahme zum Text

Eignung: Fördert die persönliche Auseindersetzung mit dem Text

Alter: 10–18 Jahre

Dauer: 10–20 Minuten

Beschreibung: Der Text wird als Standpunkt oder Orientierungsgröße mit der eigenen Auffassung verglichen.

Variante:
1. Erster Eindruck: »Was mich am Text stört – was mir an ihm gefällt« (Stillarbeit – evtl. Partnerarbeit)
2. Statement zum Text
3. Welcher Satz im Text spricht mich an? – Welcher Satz löst Widerstand in mir aus?

## Pro und Contra

Eignung: Weckt Problembewusstsein und Einsicht in die Aktualität (biblischer) Überlieferungen

Alter: 10–18 Jahre

Dauer: ca. 30 Minuten

Beschreibung:
Sch. werden – in Gruppen – aufgefordert, Argumente zugunsten und gegen die Textintention zusammenzustellen. Dann Plädoyer der Sprecher der Gruppen.
Das Verfahren mündet in eine Klassendiskussion.

Variante:
1. Die Rollen des Pro-und-Conta-Anwalts werden vorher festgelegt. Das Plädoyer wird zu Hause vorbereitet. Dazu wird ein Gesprächsleiter benannt.

2. Nach Art der Pro-und-Contra-Debatten wird am Ende des Textes entschieden durch Abstimmung, welche Meinung die bessere ist.

Hinweis:     Sinnvoll ist diese Methode nur, wenn die Schüler auch einen Streitwert im Text entdecken können, über den sich eine Auseinandersetzung lohnt. Da sich diese Frage in der Unterrichtsvorbereitung oft nicht klären lässt, gilt es, der Eigendynamik des Unterrichts zu vertrauen.

## Ihr Auftritt ...

Eignung:       Fördert Identifikation mit biblischen Personen
Alter:         12-16 Jahre
Dauer:         10-20 Minuten
Beschreibung:  Ein Schüler/eine Sch., übernehmen es, sich in eine biblische Gestalt hineinzuversetzen (Vorbereitungszeit lassen, evtl. Leitfragen). Die Klasse befragt diese Gestalt nach ihrem Erleben und nach ihren Einstellungen.
Variante:      1. In Gruppenarbeit versuchen Sch., eine biblische Gestalt zu charakterisieren bzw. ihr Verhalten zu verstehen. Die Gruppe im Ganzen (oder zwei Vertreter) stehen dann der Klasse Rede und Antwort.
2. Mehrere Gestalten einer biblischen Erzählung werden auf diese Weise nacheinander (in einem Podium) vorgestellt und befragt.
3. In Gruppenarbeit (siehe 1.) erarbeiten die Sch. die Charakterisik einer oder mehrerer biblischer Gestalten, und der Lehrer befragt die Sch. (mögliches Hilfsmittel: Kassettenrekorder).
4. Ohne dass die Klasse eingreift, erklärt ein Sch. – stellvertretend für eine biblische Gestalt – deren Verhalten. Beispielsweise: Saul erklärt, wie er zu David steht. – Oder: Die Gestalten der Passionsgeschichte rechtfertigen sich (Pilatus, Petrus, der Ho-

hepriester und die Schriftgelehrten – ihre Rolle wird in Gruppenarbeit vorbereitet und evtl. mit Moderator tragen sie ihre Entschuldigungsgründe vor).

## Bibelquiz

| | |
|---|---|
| Eignung: | Sicherung kognitiven Wissens |
| Alter: | 8–13 Jahre |
| Dauer: | 5–10 Minuten |
| Beschreibung: | Eine Person oder ein Realienwort sind zu erraten; die Ratewörter werden umschreibend vorgestellt. |
| Variante: | 1. Das Quiz kann im Wettbewerb zweier Klassenhälften durchgeführt werden. |
| | 2. Nach Art des Beruferatens (Frühere Fernsehsendung: Was bin ich?) übernimmt L. oder Sch. die Rolle einer biblischen Gestalt. |
| | 3. Die zu erratendenen biblischen Realien sollen stumm gezeichnet werden; die Klasse oder die Teilgruppe sollen möglichst rasch raten (Vorbild: die Fernsehsendung »Die Montagsmaler«): Entsprechend sind Zettel vorbereitet, die den Zeichnern ausgehändigt werden. |
| | 4. Zur Vorbereitung stellen konkurrierende Gruppen selbst zusammen, welche Begriffe sie raten lassen. |
| Hinweise: | Die Grenzen des Verfahrens liegen im Vorrat biblischer Gestalten und Realien. Je mehr eine Klasse von der Bibel weiß, umso anregender kann dieses Spiel sein: Naturgemäß wird das Spiel, wenn es als Wettbewerb durchgeführt wird, leicht turbulent. »Schiedsrichter« (ein Vertreter jeder Gruppe) sind dann vielleicht hilfreich. |

# Aufschlagspiele

| | |
|---|---|
| Eignung: | Stiftet Überblick über die biblischen Bücher und übt die Zitationsweise ein |
| Alter: | 10–12 Jahre |
| Dauer: | ca. 10 Minuten |
| Beschreibung: | Bibelstellen werden nach der üblichen Zitation aufgerufen (z.B. Exodus 3,7). Die Sch. suchen die entsprechende Stelle und lesen sie laut vor. |
| Variante: | 1. Dieses Verfahren kann als Wettbewerb durchgeführt werden: Wer eine Stelle findet, darf selbst die nächste aufrufen. |
| | 2. Zwei oder drei Sch. nennen reihum Bibelstellen, die Klasse sucht – aufgeteilt in zwei Gruppen, die untereinander im Wettbewerb stehen. |
| Hinweise: | Besonders in den Klassen 5–7 zur Einführung in die Gesamtausgabe der Bibel geeignet. Es ist sinnvoll, stufenweise mit den biblischen Büchern bekannt zu machen. Beispielsweise: Anfangen mit den Evangelien, dann die fünf Bücher Mose einbeziehen, danach die übrigen Bücher den NT und erst zum Schluss die gesamte Schrift. |

# (Bibel-)Texte auswendig lernen

| | |
|---|---|
| Eignung: | Vertieft die Textkenntnis |
| | Schafft ein Repertoire wichtiger Texte |
| Alter: | 8–16 Jahre |
| Beschreibung: | Kurze Bibeltexte oder Gebete – die als Kernstücke gelten können – werden von Sch. auswendig gelernt und mehrfach im Unterricht wiederholt. |
| Variante: | 1. Am Ende einer Unterrichtsreihe wählen sich die Sch. selbst einen Text, den sie auswendig lernen möchten. |
| | 2. Aus einem größeren Text wird nur ein zentraler Satz bzw. ein zentraler Abschnitt ausgewählt. (Sch. werden aufgefordert, aus einem Text den Abschnitt auszuwählen, der ihnen wichtig erscheint, z.B. aus Psalmen, aus der Bergpredigt.) |
| Hinweise: | Diese Methode ist in Misskredit geraten, da im früheren Bibelunterricht unnötig oft (lange) Bibeltexte gelernt werden mussten. Oft nur für die nächste Stunde; Langzeitgedächtnis war nicht gefragt. – Wichtig ist deshalb die Beschränkung auf Kernstellen und die spätere Wiederaufnahme der gelernten Texte. Es ist unklug, einfach als Hausaufgabe einen Text auswendig lernen zu lassen. Empfehlenswert ist ein gestuftes Verfahren: Ein Text wird etwa an die Tafel geschrieben, sorgfältig gelesen und besprochen (dann evtl. zuerst im Chor gelesen etc.); so wird er im Unterricht schon halb memoriert. Danach erst wird die Textkenntnis durch Auswendiglernen gefestigt. Größere Texte werden dabei in zwei oder drei Schüben erlernt (Genesis 1). Beim ersten freien Vortrag dürfen die Sch. zur Sicherheit den Text aufgeschlagen lassen und gegebenenfalls nachsehen. – Für den Erfolg ist es nämlich wichtig, dass die Sch. Freude am Auswendiglernen behalten und möglichst wenig Druck ausgesetzt sind. |

## Wertende Auswahl von Bibeltexten

| | |
|---|---|
| **Eignung:** | Wiederholung und Vertiefung |
| **Alter:** | 10–14 Jahre |
| **Dauer:** | 15–30 Minuten |
| **Beschreibung:** | Bibeltexte, die in einem engen thematischen Zusammenhang stehen, werden den Sch. vorgelegt. Sie sollen denjenigen Text heraussuchen, der nach ihrer Meinung am besten in die heutige Situation bzw. zu einem gegebenen Problem passt (z.B. Bibeltexte zur Gerechtigkeit, über die Beziehung von Mann und Frau etc.). Die Auswahl wird erläutert und mit der Klasse diskutiert. |
| **Variante:** | 1. Man mischt Bibeltexte mit außerbiblischen Texten. Dieses Verfahren ist besonders geeignet, wenn wenig bekannte Bibeltexte mit bibelähnlichen Texten zusammengestellt werden. |
| | 2. Statt der Auswahl eines Textes soll die Rangfolge der Texte festgelegt werden. |
| **Hinweis:** | Die Methode ist geeignet für eine abschließende Unterrichtsstunde, in der ein Rückblick auf eine Unterrichtsreihe gehalten werden kann. Sie dient dem L. zugleich als Rückmeldung und nachträgliche Situationsanalyse. |

## Meine Texte – meine Schätze

| | |
|---|---|
| **Eignung:** | Macht den Wert literarischer Texte bewusst; lädt dazu ein, eine persönliche Anthologie zusammenzustellen |
| **Alter:** | 13–18 Jahre |
| **Beschreibung:** | Sch. werden animiert, sich persönlich eine kleine Sammlung wertvoller Texte anzulegen. In diese Sammlung können Texte aus dem Religionsunterricht einfließen, aber auch Fundstücke und Lesefrüchte unterschiedlichster Art. |

| | |
|---|---|
| **Hinweise:** | Das »Poesiealbum«, das so entsteht, sollte als Privatbesitz der Schülerinnen und Schüler respektiert werden. L. können das Projekt aber fördern, indem sie bei Texten, die Sch. gefallen, darauf hinweisen, dass das doch gewiss ein geeigneter Text für ihre Sammlung wäre.<br>In der »Vorlesestunde« können diese Anthologien auch zum Zug kommen.<br><br>Literatur: Kliemann, S. 70 f. |

# Vorlesestunde

| | |
|---|---|
| **Eignung:** | Weckt Freude an literarischen Texten; gibt Sch. Gelegenheit, Texte, die ihnen wichtig sind, zu präsentieren |
| **Alter:** | 8–18 Jahre |
| **Dauer:** | bis zu 45 Minuten |
| **Beschreibung:** | L. und Sch., lesen nach entsprechenden Vereinbarungen Texte vor, die ihnen wertvoll erscheinen. Möglich sind dabei: |

~ eine freie Lesestunde,

~ thematische Vorgaben,

~ Stunden, die in eigener Regie von Sch. gestaltet werden.

# 4. »Jeder Mensch ist ein Künstler«
## Gestalterisches Arbeiten im Religionsunterricht

Wahrscheinlich zuckt manch einer zusammen, wenn er den Satz liest: ,»Jeder Mensch ist ein Künstler!« Hatte denn jede(r) von uns das Zeug, ein Picasso zu werden oder ein Rembrandt? Haben wir vielleicht unsere Talente sträflich vergraben, obwohl wir eigentlich so begabt waren? – Diese Gewissensbisse will der Satz von Joseph Beuys keineswegs auslösen. Für ihn ist jeder Mensch deshalb ein Künstler, weil er seinem Leben Gestalt geben muss. Von Kindheit an sind wir damit beschäftigt, eine Ausdrucksgestalt für uns zu finden und unserem Alltag eine Form zu geben. Überspitzt gesagt: Das Kunstwerk, das wir alle hervorbringen, ist unser eigenes Leben.

Damit tritt die ästhetische Dimension unseres Handelns in den Blick: In der Kleidung, in unseren Wohnräumen, in unseren Bewegungen, in unserem sprachlichen Ausdruck gestalten wir das, was wir unseren Stil nennen. Und noch deutlicher wird diese gestalterische Arbeit dann, wenn Erfahrungen und Gefühle, wenn Ängste und Hoffnungen in (einfachen) künstlerischen Gestaltungen Ausdruck finden. Kritzeleien und Zeichnungen, Skulpturen und Collagen, Aquarelle und Raumgestaltungen machen anschaulich, was Menschen bewegt. Dieser Prozess selbst ist wertvoll; er stellt eine wichtige Selbsterfahrung dar und deckt Zusammenhänge auf, die vielleicht bis dahin verborgen waren.

So ist gestalterisches Arbeiten im Religionsunterricht auch eine Chance, dass Schülerinnen und Schüler einen Ausdruck für das finden, was sie bewegt, dass sie in Entwürfen ein Stück ihrer Identität gestalten. Dabei geht es auch nicht – wie im Kunstunterricht – um die Verbesserung handwerklicher und künstlerischer Techniken. Dabei geht es nicht vorwiegend um formale Prinzipien; es geht darum, dass in einer glücklichen Verbindung von Thema und Gestaltungsform ausgedrückt wird, was Schülerinnen und Schüler beschäftigt.

# Collagen

| | |
|---|---|
| **Eignung:** | Fördert die Kreativität |
| | Anregung zur Auseinandersetzung mit einem Thema |
| | Die Sch. lernen, Stimmungen und Gefühle, Meinungen und Aussagen auszudrücken und darzustellen |
| **Alter:** | ab 10 Jahre |
| **Dauer:** | ca. 3-4 Unterrichtsstunden |
| **Beschreibung:** | Als Collage bezeichnet man jede formale Auseinandersetzung in der Fläche, die durch eingeklebte Materialien wie Papier, Holz, Steine, Stoffe usw. gestaltet ist. Zu den ältesten Stilmitteln gehören Schrift und Zeichnung, die auch die Grundlage einer Collage im Unterricht bilden können. |

**Arbeitsschritte:**

1. Gruppenbildung
2. Sammeln von Bildern, Fotos, Texten, Schlagzeilen u.a.
3. Auf einem Plakat wird das Gesammelte zu einer Gesamtkomposition angeordnet. Eigene Texte und Zeichnungen können das »sprechende Kunstwerk« vervollständigen.
4. In einer Art Vernissage werden die Collagen vorgestellt (Die Künstler präsentieren ihr Werk) und besprochen.
5. Die Plakate werden im Klassenraum sichtbar aufgehängt, damit das Thema über längere Zeit sichtbar in Erinnerung bleiben kann.

| | |
|---|---|
| **Hinweis:** | • Arbeitsmaterialien: Scheren, Klebstoff, Plakate, Stifte, Zeitungen, Illustrierte, Werbeprospekte |
| | • Collagen können einzeln, in Paar- oder Kleingruppenarbeit hergestellt werden. |
| | • Collagen können thema- und problembezogen, gesprächsvorbereitend oder zusammenfassend eingesetzt werden. |

- Eine Collage ist mehr als eine Aneinanderreihung von Bildern. Sie kann Sachverhalte kritisch hinterfragen oder aber nur Sachinformationen vermitteln.
- Es geht nicht in erster Linie um die künstlerische Gestaltung, sondern um die Vertiefung eines Problems

**Variante:** Collagen können auch mit anderen Materialien hergestellt werden:
- mit Naturmaterialien (Steine, Blätter, Holz u.a.)
- mit Tönen, Musik und Sprache

## Arbeiten mit Ton

**Eignung:** Stärkung der Wahrnehmungs- und Vorstellungskraft
Lernen, sich von Händen und Gefühlen leiten zu lassen
Fördert die schöpferische Kreativität

**Alter:** ab 6 Jahre

**Dauer:** mindestens 90 Minuten

**Beschreibung:** 1. Vertrautmachen mit dem Material: Die Sch. bekommen einen Klumpen Ton in die Hand. Er soll befühlt, geknetet, geschlagen und geformt werden.
2. Es gibt zwei Möglichkeiten des Arbeitens mit Ton, das freie und das figürliche Gestalten.
Beim freien Gestalten ist es der Phantasie der Sch. überlassen, welche Form sie dem Ton geben. Beim figürlichen Gestalten werden Figuren und Gegenstände vorgegeben und abgesprochen (z.B. Krippenfiguren, Figuren aus einer biblischen Geschichte, Kreuze ...).
3. Der Ton muss zunächst einige Tage trocknen und wird dann in einem entsprechenden Ofen gebrannt. Anschließend kann er lackiert werden.
4. Beim freien Arbeiten können die Sch. ihre fertigen Produkte sprechen lassen und auch die eigenen Erfahrungen zum Ausdruck bringen.

| | |
|---|---|
| **Hinweise:** | • Ton ist ein einzigartiges Modelliermaterial. Es ist leicht formveränderbar und behält jede einmal angenommene Form. Die Formveränderung beim Modellieren wird durch Drücken erreicht, wird er gezogen, reagiert er mit Rissen.<br>• Damit der Ton nicht austrocknet, deckt man ihn während der Arbeit am besten mit einem feuchten Tuch ab. Nach der Arbeit sollte er in Plastiktüten aufbewahrt werden (ohne feuchte Tücher, da er sonst aufweichen und sich verformen kann).<br>• **Bereitzustellende Materialien:** Ton (Naturfarbe), kleine Spanplatten oder eine ähnliche glatte Unterlage (ca. 60 x 50 cm), Zeitungspapier, Werkzeug zum Bearbeiten von Ton (Nägel, Draht, u.a.), Behälter für Wasser.<br>• **Werkzeuge für die Bearbeitung:** Naturschwämme zum Glätten von Oberflächen, Modellierhölzer, Drahtschlingen zum Zerteilen der Tonklumpen.<br>• Sinnvoll ist eine Zusammenarbeit mit einem Kunstlehrer, der die Sch. in den Umgang mit dem Material Ton einweisen kann. Im Religionsunterricht geht es beim Arbeiten mit Ton weniger um die künstlerische Dimension. Vielmehr ist das Material ein Medium, mit dessen Hilfe sich Zusammenhänge, Erkenntnisse und Gefühle ausdrücken lassen. |
| **Variante:** | • Die Sch. gestalten quadratische oder runde Kacheln aus Ton mit symbolischen Darstellungen und fügen sie zu einem Ganzen zusammen (etwa in Form eines Kreuzes).<br>• L. und Sch. einigen sich auf ein Thema, das vorgegeben wird: Geborgenheit, Beziehung, Freude, Angst u.a. |

# Phantasiebilder

| | |
|---|---|
| Eignung: | Gedanken, Gefühle und Ideen werden in Farben und Formen umgesetzt |
| | Freude im Umgang mit Farben und Formen |
| Alter: | ab 6 Jahre |
| Dauer: | ca. 45 Minuten |
| Beschreibung: | Auf ein Stichwort hin, das sich aus einem besprochenen Thema ergibt (z.B. Angst, Freiheit, Gemeinschaft, Befreiung, Schuld, Begegnung) werden die Sch. eingeladen, ein Bild zu malen. Dabei sollten sie ihrer Phantasie freien Lauf lassen. |
| | Die Sch. entscheiden für sich selbst, ob sie gegenständlich oder abstrakt malen. |
| | Die Bilder werden anschließend vorgestellt und interpretiert. |
| Hinweis: | Das Malen ist möglich mit Filzstiften, Holzstiften, Wasserfarben, Wachsstiften, Ölfarben oder Fingerfarben |
| | Oft erhalten Dinge und Sachverhalte, die sich mit Worten kaum beschreiben lassen, in bildhafter Darstellung ganz neue Deutungen. |
| Variante: | ~ Ein Bibelwort (»Ich bin die Wahrheit, das Wort und das Leben«, »Liebe deinen Nächsten wie dich selbst«) oder eine Szene aus der Bibel dient als thematische Grundlage. |
| | ~ Die Gruppenmitglieder malen, ohne dabei zu sprechen. Eine neue Form der Kommunikation entsteht. |
| | ~ Mandalas in ihren vielfältigen Formen werden in Einzelarbeit bunt bemalt oder in vergrößerter Form von einer Gruppe ausgemalt. |
| | ~ Alle Sch. haben eine gleiche Grundform (Strich, Quadrat, Kreis) als Vorlage auf einem Blatt Papier. Sie lassen sich durch die Form zu einem Bild inspirieren. |

# Bilderbuch

| | |
|---|---|
| Eignung: | Geschichten durch Formen und Farben mit Leben erfüllen |
| | Förderung der Phantasie |
| Alter: | ab 6 Jahre |
| Dauer: | 45 Minuten |
| Beschreibung: | Nach der Besprechung einer biblischen Geschichte erhalten einzelne Sch. oder Kleingruppen die Aufgabe, bestimmte Szenen der Erzählung in ein Bild umzusetzen. Die einzelnen Bilder werden zu einem Buch zusammengeheftet. |
| Hinweis: | Das neu entstandene biblische Bilderbuch liegt bereit und ist jederzeit (auch in anderen Klassen) einsetzbar. |
| Variante: | Mehrere Kleingruppen gestalten jeweils ein eigenes Bilderbuch. |

# Masken

| | |
|---|---|
| Eignung: | Schulung der Wahrnehmung und Formgebung |
| | Förderung der Koordination von Auge und Hand |
| Alter: | ab 10 Jahre |
| Dauer: | 90 Minuten |
| Beschreibung: | Masken können mit den unterschiedlichsten Materialien hergestellt werden (Ton, Zeitungspapier und Kleister, Gips). Sie dienen als Gesichter für Rollenspiele und szenische Darstellungen. Gefühle und Menschentypen können durch die Gesichtszüge verdeutlicht werden (der Wütende, der Ängstliche, der Fröhliche). Masken kann man mit wenigen Mitteln folgendermaßen herstellen: |
| | Zwei Luftballons werden in unterschiedlicher Größe aufgeblasen. Der kleine Luftballon wird in der Mitte des großen Luftballons als Nase festgeklebt. Zeitungs- |

streifen werden durch einen Behälter mit Kleister gezogen und Schicht für Schicht auf die vordere Hälfte
des Ballons geklebt. Nach dem Trocknen (1-2 Tage)
wird der Ballon zerstochen und in zwei Hälften ge-
schnitten. Die Augen werden ausgeschnitten und das
Gesicht wird bemalt und beklebt. Mit einem Gummi-
band kann die fertige Maske nun auf das Gesicht gesetzt werden.

**Hinweis:** Wichtig bei der Maskenherstellung ist nicht nur die
kreative Arbeit, sondern auch das Erleben und das anschließende Gespräch darüber. Dabei bieten sich eine
Vielzahl von Anknüpfungspunkten für die weitere
thematische Arbeit.

**Variante:**
- Alle Sch. versuchen ihr eigenes Gesicht oder das eines Mitschülers oder einer Mitschülerin als Maske
herzustellen. Dabei sollten vorher die Gesichtsteile
(Nase, Mund, Augen, Wangen, Stirn) blind ertastet
und in Partnerarbeit die Maske am Modell immer
wieder korrigiert werden. Am besten lässt sich dies
mit Gipsbinden erreichen. Die Gipsbinden werden
in lange Streifen zerschnitten (ca. 10 cm). Um die
Maske hinterher gut abzubekommen, sollte das zu
bearbeitende Gesicht vorher mit Vaseline oder einer entsprechenden Creme eingerieben werden.
Die Streifen werden ins Wasser getaucht und auf
das Gesicht gelegt (Augen, Mund und Nasenlöcher
sollten frei bleiben). Damit die Maske stabiler wird,
sollten mindestens zwei Schichten aufgetragen werden. Nach dem Abnehmen kann die Maske bemalt
und mit Klarlack verfestigt werden.
- Masken lassen sich auch aus Papiertüten und Karton
herstellen.

# Graffiti

| | |
|---|---|
| **Eignung:** | Fördert das Gemeinschaftsgefühl und die Kreativität |
| | Den Klassenraum als farbenfrohen Lebensraum gestalten |
| | Freude im Umgang mit Farben |
| **Alter:** | ab 12 Jahre |
| **Dauer:** | 4–5 Unterrichtsstunden |
| **Beschreibung:** | Mit Hilfe von Spraydosen und Filzstiften gestalten die Sch. ihren Klassenraum mit Texten, Bildern und viel Farbe. |

In Absprache mit der Schulleitung und dem Hausmeister sollten dazu spezielle Unterlagen (weiße Folie auf Kanthölzern) verwendet werden.

Thematisch sollte den Jugendlichen viel Platz für eigene Phantasie gegeben werden. Es werden Ideen gesammelt, Entwürfe gezeichnet und schließlich in die Praxis umgesetzt.

Mit Hilfe eines Overheadprojektors können fertige Motive an die Wand projiziert werden.

**Hinweis:** Graffiti-Bilder an Häusermauern, Bundesbahnwaggons und Tunneln sind nicht nur pubertäre Schmierereien auf fremdem Eigentum. Es kann mehr sein: Kunst und ein Ausdrucksmittel des Protestes und der Auseinandersetzung mit sich selbst und der Welt. Wir sollten den Jugendlichen in den Schulen Raum für solche Ausdrucksmittel zur Verfügung stellen.

**Variante:** Einen Meditationsraum (es soll wirklich Schulen geben, die über solche Räumlichkeiten verfügen) mit Szenen aus der Bibel oder der eigenen Lebenswelt gestalten.

 **Fensterbilder**

| | |
|---|---|
| Eignung: | Eine biblische Geschichte veranschaulichen und mit Leben füllen |
| Alter: | ab 6 Jahre |
| Dauer: | ca. 3 Unterrichtsstunden |
| Beschreibung: | Fensterbilder werden mit Hilfe von Transparent- und Tonpapier hergestellt (gezeichnet, ausgeschnitten, zusammengeklebt, bemalt). |

Die einzelnen Szenen und handelnden Personen der biblischen Geschichte werden zunächst notiert. Kleingruppen sind für verschiedene Gegenstände und Personen zuständig (z.B. Menschenmenge, Zollhaus, Palmen, Tische, Stühle). Weitere Gruppen basteln jeweils die Hauptpersonen (Jesus, Zachäus) für die verschiedenen Szenen. Anschließend wird alles an den Fenstern zu einer Geschichte zusammengereiht.

| | |
|---|---|
| Hinweis: | Das braucht man beim Herstellen von Fensterbildern: Papierschere oder Schneidemesser, Bleistift, Filzstift, Radiergummi, Zirkel, Lineal, Transparentpapier, Pauspapier, Tonpapier und -karton, Klebstoff, transparentes Klebeband, Locher, Nadel, Faden. |

**Techniken:**

Von *Positiv-Technik* spricht man, wenn die aus Tonpapier oder -karton ausgeschnittenen Motivteile das Fensterbild darstellen.

Bei der *Schicht-Technik* werden die ausgeschnittenen Motivteile in Schichten übereinander geklebt. Dabei können schöne plastische Fensterbilder entstehen.

| | |
|---|---|
| Variante: | Auch christliche Feste (Ostern, Weihnachten) mit ihrer reichhaltigen Symbolik lassen sich so gut veranschaulichen. |

# Ytongplastik

| | |
|---|---|
| **Eignung:** | Förderung des Vorstellungsvermögens und der Phantasie |
| | Freude an der Formgebung |
| **Alter:** | ab 6 Jahre |
| **Dauer:** | ca. 6-8 Unterrichtsstunden |
| **Beschreibung:** | Das geringe Gewicht, die Wetterbeständigkeit und die weiche Beschaffenheit machen Ytong zu einem idealen Werkstoff. Ytongsteine können im Bauhandel erstanden werden. Ytong lässt sich bohren, ritzen, sägen und schlagen. Für die Bearbeitung ist ausgedientes Werkzeug (Sägen, Stechbeitel, Holzhammer, Schnitzwerkzeuge, Nägel, Bohrer, Glaspapier) sinnvoll. Die Bearbeitung sollte wegen des hohen Staubgehaltes im Freien geschehen. |

**Bearbeitungsschritte:**

- Mit Kreide werden die Umrisse und Konturen des Werkes herausgearbeitet.
- Mit Messer, Säge oder Stemmeisen wird die grobe Form hergestellt.
- Zur Feinarbeit werden Schnitzwerkzeug, Raspel und Glaspapier benutzt.

**Hinweis:**

- Mit diesem Werkstoff lassen sich keine feinen und komplizierten Werke herstellen. Es sollte immer nur so viel weggenommen werden, wie nötig. Ein Schlag zu viel zerstört die ganze Arbeit.
- Vor der Arbeit an einem größeren Werk sollte die Übung an Abfallstoffen stehen.

**Variante:** Ytong eignet sich gut für Gruppenarbeit. So können Vollplastiken und Reliefs enstehen.

# Puppen

| | |
|---|---|
| **Eignung:** | Material mit Leben erfüllen |
| | Gesichter und Körperformen entwickeln |
| **Alter:** | ab 6 Jahre |
| **Dauer:** | 2-3 Unterrichtsstunden |
| **Beschreibung:** | Kinder haben aus der Kindergartenzeit Erfahrungen mit der Herstellung von Puppen. Darauf kann im Unterricht zurückgegriffen werden. Puppen lassen sich aus unterschiedlichen Materialien (Holz, Stoff, Pappe, Papier) herstellen. Dabei sollte die Phantasie der Sch. nicht gebremst werden. Grundlage für die kreative Puppenherstellung können eine Geschichte oder bestimmte Charaktere (gut, böse, fröhlich, traurig, wütend) sein. |

**Handpuppen aus Pappmaché:**
Neben den Marionetten werden Handpuppen häufig im Puppentheater eingesetzt. Zur Herstellung der Köpfe werden Zeitungspapier und Kleister benötigt. Kaltes Wasser wird mit einem halben Kilo Mehl zu einem Brei angerührt. Der Mehlbrei wird anschließend in vier Liter kochendes Wasser eingerührt. Den heißen Kleister gießt man auf die Papierschnitzel. Aus dieser Masse werden dann die Puppenköpfe modelliert. Die Köpfe können auch mit Gips oder Ton hergestellt werden. Die Gesichter kann man mit Farbe bemalen. Kleidung und Haare lassen sich mit Stoff- und Wollresten anfertigen.

**Hinweis:**
- Die Puppen können im Klassenraum immer greifbar aufbewahrt und bei Rollenspielen eingesetzt werden.
- Das Herstellen von Marionetten ist sehr aufwendig. Daher wäre z.B. das Angebot einer Arbeitsgemeinschaft oder die Zusammenarbeit mit dem Werk- oder Kunstlehrer sinnvoll.

| Variante: | Weitere Modelle: Tütenpuppen, Kochlöffelpuppen, Strumpfpuppen, Häckel- und Strickpuppen, Hampelmann aus Filzresten. |

## Spruchkarten

| Eignung: | Umsetzen eines Textes in Form und Farbe |
| Alter: | ab 12 Jahre |
| Dauer: | ca. 90 Minuten |
| Beschreibung: | Die Sch. wählen aus einer vorgegebenen oder selbst zusammengestellten Liste einen Spruch aus, der sie besonders anspricht. |
| | Die Lebensweisheit wird auf eine weiße Karte geschrieben und künstlerisch ausgestaltet. |
| | Nach der Fertigstellung können die Karten mit dem Spruch vorgestellt und besprochen werden, bei einer Ausstellung präsentiert oder auch verschenkt werden. |
| Hinweis: | Material: DIN A 6-Karten, Farbstifte |
| Variante: | Es werden Verse oder Sätze aus der Bibel (z.B. Psalmen, Sprichwörter, Kohelet) ausgewählt. |
| | Die Sch. verschenken untereinander die Karten und berichten dem Beschenkten, warum der ausgesuchte Satz sie anspricht und welche Bedeutung er für ihr Leben hat. |

## Kalender

| | |
|---|---|
| **Eignung:** | Auseinandersetzung mit der Zeit |
| | Kreative Einstimmung auf ein neues Jahr |
| **Alter:** | ab 6 Jahre |
| **Dauer:** | ca. 3–4 Unterrichtsstunden |
| **Beschreibung:** | Die Sch. stellen einen Kalender her, der sie ein ganzes Jahr begleiten kann. Kleingruppen haben die Aufgabe, je ein Monats-Kalenderblatt des Jahres mit seinen Besonderheiten (z.B. Feste, Jahrestage, Brauchtum) zu gestalten. |
| **Hinweis:** | Es gibt mittlerweile Computersoftware, mit denen fertige Kalenderblätter (Monatsaufteilung) hergestellt werden können. Die Kinder können den Rest der Blätter selbst gestalten. |
| **Variante:** | • Jeder macht einen eigenen Kalender. |
| | • Die Klasse vereinbart ein Thema, das die Gestaltung bestimmen soll. |

## Comicstrip

| | |
|---|---|
| **Eignung:** | Themen und Probleme mit Phantasiefiguren darstellen und diskutieren |
| **Alter:** | ab 10 Jahre |
| **Dauer:** | ca. 3 Unterrichtsstunden |
| **Beschreibung:** | Ein Thema soll in Kleingruppen mit Hilfe von Comics dargestellt werden. Aus Comicheften können einzelne Figuren (Asterix, Lucky Luke, Hägar, Spiderman) ausgeschnitten, auf Plakate aufgeklebt und mit Sprechblasen versehen werden. So entsteht ein Comicstrip, der anschließend vorgestellt und besprochen wird. |
| **Variante:** | Comicfiguren können auch selbst gezeichnet oder aus Computer-Grafikprogrammen ausgedruckt werden. Der Comicstrip kann als Bildserie (auf DIN A 5-Kärtchen) zusammengestellt werden |

# Drucken

| | |
|---|---|
| **Eignung:** | Freude im Umgang mit Farbe und Stempel |
| | Schulung der Feinmotorik beim Schneide- und |
| | Druckvorgang |
| | Wahrnehmungsschulung im Form- und Farbbereich |
| **Alter:** | alle Altersgruppen |
| **Dauer:** | ca. 90 Minuten (je nach Drucktechnik) |
| **Beschreibung:** | Es gibt eine Vielzahl von Drucktechniken. Zwei einfache Techniken sollen hier vorgestellt werden: |

**Der Kartoffeldruck:**

Eine große rohe Kartoffel wird zunächst gesäubert und durchgeschnitten, sodass eine glatte Druckoberfläche entsteht. Das Druckmuster wird aufgezeichnet. Die Teile, die nicht gedruckt werden sollen, werden ausgeschnitten. Auf die heraustehenden Stellen werden mit einem Pinsel die Druckfarben aufgetragen. Jetzt kann der Druckstempel auf das Druckmaterial (Papier, Stoff) aufgedrückt werden.

Durch Auftragen von Wachs (Bienen-, Kerzen-, Bohnerwachs) kann der Druck dauerhaft gemacht werden.

**Der Holzdruck:**

Ein Holzstamm (festes Holz) wird im Klassenraum aufgestellt. In Gruppenarbeit zu unterschiedlichen Themen haben die Sch. die Möglichkeit, eigene Holzdrucke anzufertigen. Motive und Bilder werden mit Stechbeitel und Hammer in das Holz eingeschlagen. Auf die fertigen Motive wird Druckfarbe gegeben, ein Blatt aufgelegt, abgerieben, und schon ist der Druck fertig. Eine interessante Variante ist folgende: Der Holzstamm wird auf einem großen Blatt Papier abgerollt und es entsteht ein so genanntes Rollbild.

| | |
|---|---|
| **Hinweis:** | Das Drucken bietet eine Vielzahl von individuellen Gestaltungsmöglichkeiten, ist leicht zu erlernen und verursacht nur geringe Kosten. |

| Varianten: | • Um einen mehrfarbigen Kartoffeldruck zu errei-chen, können die verschiedenen Bereiche des Stem-pels mit unterschiedlichen Farben bepinselt werden. Es können aber auch nacheinander verschiedene Farben aufgetragen werden. Durch die Überlap-pung der Abdrücke entsteht ein mehrfarbiges Bild. |
|---|---|

• Um einen mehrfarbigen Kartoffeldruck zu errei-chen, können die verschiedenen Bereiche des Stem-pels mit unterschiedlichen Farben bepinselt werden. Es können aber auch nacheinander verschiedene Farben aufgetragen werden. Durch die Überlap-pung der Abdrücke entsteht ein mehrfarbiges Bild.

• Mit der Kartoffeldrucktechnik lassen sich sehr schö-ne Mosaike herstellen. Dabei werden Würfel, Dreiecke und Kreise aus Kartoffeln herausgeschnit-ten, in Farbe eingetaucht und gedruckt.

• **Weitere Drucktechniken:** Materialdruck (Textili-en, Holzstücke, Bürsten, Schwämme, Raufasertape-te, Blätter u.a.), Kordeldruck, Pflanzendruck, Glasdruck, Schablonendruck, Druckstempel (aus Kork), Styropordruck, Linolschnitt, Stoffdruck auf T-Shirts (sind mittlerweile auch mit Hilfe des Com-puters möglich).

## Wandzeitung

| Eignung: | Kreative Auseinandersetzung mit einem Thema |
|---|---|
| Alter: | ab 12 Jahre |
| Dauer: | ca. 2–3 Unterrichtsstunden |
| Beschreibung: | Eine Wandzeitung ist ein großes Plakat, auf dem die Ergebnisse einer Diskussion dargestellt und festgehal-ten werden. Dabei werden Überschriften, Schlagzei-len, Bilder, Kommentare, Berichte, Leserbriefe und Stellungnahmen gestaltet. In Kleingruppen wird ein Thema diskutiert und Material selbst erstellt oder aus Zeitschriften ausgeschnitten. |
| Hinweis: | Es sollte genügend Material zur Verfügung stehen. Die Lehrperson kann als Anlaufstelle und Moderator Hilfe-stellung geben. Ein Schüler oder eine Schülerin könnte die Rolle des Chefredakteurs übernehmen, der die Ar-beit der einzelnen Redaktionsgruppen koordiniert. |

| Variante: | Es werden verschiedene Redaktionsabteilungen gebil-det, die sich spezialisieren auf Bilder, Texte oder Kommentare. |

# Wäscheleine

| Eignung: | Die eigene Meinung öffentlich kundtun und reflektieren |
| Alter: | ab 10 Jahre |
| Dauer: | 45 Minuten |
| Beschreibung: | Alle Sch. erhalten jeweils ein Blatt, auf dem sie ihre Meinung zu einem bestimmten Thema formulieren können. Die Blätter werden mit Wäscheklammern an einer Wäscheleine befestigt. Die Meinungen können dann von allen gelesen und anschließend diskutiert werden. Die Blätter können auch mit dem Namen des Verfassers versehen werden, damit man ihn direkt ansprechen kann. |
| Hinweis: | • Die Leine sollte an einer Stelle des Klassenraumes befestigt werden, an der sie möglichst nicht den normalen Unterrichtsablauf stört. |
| | • Die Wäscheleine muss lang genug sein, damit alle Meinungsblätter ihren Platz finden. |
| Variante: | • Die Wäscheleine kann ein fester Bestandteil im Klassenraum bleiben. Es können alle möglichen Informationen (Liedtexte, Sprüche, Bilder) daran befestigt werden. |
| | • Die Wäscheleine kann im Vorfeld eines Unterrichtsthemas als Sammelleine dienen. |

# Gestalten mit Naturmaterial

| | |
|---|---|
| Eignung: | Die Sch. sollen dem Gestalt geben, was sie momentan beschäftigt |
| | Bewusste Wahrnehmung der Natur |
| | Wertschätzung »wertloser« Materialien |
| Alter: | ab 14 Jahre |
| Dauer: | ca. 4 Unterrichtsstunden |
| Beschreibung: | Auf einem Spaziergang sollen die Sch. Naturmaterialien sammeln. Weiteres Material wie Hammer, Zange, Draht, Nägel, Blech, Holzplatten, Klebstoff, Pappe, Stifte u.a. stehen zur Verfügung. Aus all den Gegenständen sollen die Sch. ein Gebilde bauen, das für ihre Situation steht. Die Phantasiegebilde werden anschließend vorgestellt und erläutert. |
| Hinweis: | Die Suchphase kann mit einer meditativen Übung verbunden werden (»Mit allen Sinnen die Natur erleben«). |

# Wandgemälde

| | |
|---|---|
| Eignung: | Freude am Umgang mit Farben |
| | Förderung der Phantasie und Kreativität |
| Alter: | ab 6 Jahre |
| Dauer: | ca. 4 Unterrichtsstunden |
| Beschreibung: | Eine Wand des Klassenraums wird mit Zeitungsmakulatur tapeziert. (Achtung: mit Schulleiter und Hausmeister absprechen!) Zu einem Thema soll ein großes Wandgemälde entstehen, zu dem jeder seinen Beitrag leistet. |
| | Im anschließenden Gespräch wird gedeutet, interpretiert und ergänzt. |
| Hinweis: | • Material: Zeitungsmakulatur, Pinsel, Abtönfarbe, Wassergläser, Klebestreifen |
| | • Bei zu großen Gruppen sollten mehrere Wände benutzt werden. |

# Computer-Bildergeschichte

| | |
|---|---|
| Eignung: | Fördert die Phantasie<br>Förderung der sprachlichen und bildnerischen Kreativität |
| Alter: | ab 6 Jahre |
| Dauer: | 4 Unterrichtsstunden |
| Beschreibung: | Viele Computer-Grafikprogramme enthalten eine Menge Zeichnungen mit den unterschiedlichsten Motiven. Die Sch. bringen solche Grafiken (in Schwarz-Weiß) mit. Es werden Gruppen gebildet, die zu einem vorgegebenen Thema eine Geschichte erfinden sollen. Jeder kann aus der ausgelegten Bildersammlung eine festgelegte Zahl an Zeichnungen auswählen. In der Kleingruppe werden die Bilder vorgestellt. In der Phantasie entsteht eine Geschichte, die aufgeschrieben wird. Die Texte werden den ausgemalten Bildern zugeordnet. In der Klassengemeinschaft wird die neue Bildergeschichte vorgetragen. |
| Hinweis: | Das fertige Bilderbuch kann zusammengeheftet und in der Schulbücherei ausgelegt werden. |

 ## Scherbenbilder

| | |
|---|---|
| **Eignung:** | Förderung der Koordination von Auge und Hand |
| | Phantasieförderung |
| **Alter:** | ab 10 Jahre |
| **Dauer:** | ca. 4 Unterrichtsstunden |
| **Beschreibung:** | Die Sch. sammeln zunächst Glas und Scherben aller Art. Mit einer Zange werden die Scherben zerkleinert und auf eine Spanplatte (mit Hart- oder Spezialkleber) aufgeklebt. Hierbei kann frei gestaltet oder ein vorbereitetes Motiv verarbeitet werden. Nach Fertigstellung werden der Untergrund mit Latexfarbe ausgefüllt und die freien Flächen mit Sekuritglas beklebt (Transparentkleber). Am Schluss wird feiner Sand mit schwarzer Latexfarbe zu einem dicken Brei verrührt. Damit werden die freien Stellen ausgefugt. Nach dem Trocknen wird das Bild gesäubert und aufgehängt. |
| **Hinweis:** | • Die Scherbenbilder können einzeln oder in Gruppen gestaltet werden. |
| | • Als Motive eignen sich z.B. christliche Symbole (Kreuz, Kerze). |
| **Variante:** | Als Ersatz für die Scherben können auch Folien und buntes Papier dienen. |

# Mobiles

| | |
|---|---|
| **Eignung:** | Kreative Auseinandersetzung mit einem Thema |
| **Alter:** | ab 6 Jahre |
| **Dauer:** | ca. 3 Unterrichtsstunden |
| **Beschreibung:** | Mobiles, bewegliche Plastiken, bilden besonders durch ihre Bewegungen einen Blickfang. Das Mobile wird von unten nach oben erarbeitet. An einem Holz- oder Plastikbügel werden mehrere Motive (Figuren, Gebäude, Sterne, Worte) mit Seilen oder Draht befestigt. Das Schwierige aber auch Reizvolle ist, die verschiedenen Bügel miteinander ins Gleichgewicht zu bringen. Dabei müssen sich alle Motive frei bewegen können. Als Material für die einzelnen Motive eignen sich Pappe, Holz, Tischtennisbälle und Blech. Im Religionsunterricht können diese sehr schön thematisch gestaltet werden. Ein Kirchenmobile kann deutlich machen, wie wichtig es ist, dass eine Glaubensgemeinschaft im richtigen Gleichgewicht sein muss, um Ruhe und Harmonie auszustrahlen – und zu begeistern. Auch das Verhältnis innerhalb einer Klassengemeinschaft kann so symbolisch ausgedrückt werden, indem jeder sein eigenes Motiv mit den Eigenschaften, die ihm wichtig sind, gestaltet. |
| **Variante:** | Ein Riesenmobile kann mit der ganzen Klasse hergestellt werden. Im Treppenhaus der Schule könnte es zu einem viel beachteten Kunstwerk werden. |

Gute Anregungen für vielfältige gestalterische Arbeiten sind in Bastelgeschäften und Buchhandlungen zu finden.

**Literaturhinweise**

Krempien, Christiane: 50 Bildnerische Techniken. Ein Aktionsbuch für Kindergarten, Schule und Familie, Beltz Verlag, Weinheim 1994
Neumüller, Gebhard (Hrsg.): Basteln im Religionsunterricht, Kösel-Verlag, München [4]1998

# 5. Hilf mir, es selbst zu tun!

## Methoden offener Arbeit im Religionsunterricht

»Offener Unterricht« ist das pädagogische Zauberwort der neunziger Jahre. Dabei geht es um eine doppelte Öffnung: Die Tür des Klassenzimmers wird aufgestoßen! Und was manche schon geahnt haben, bewahrheitet sich: Es gibt auch außerhalb der Schule eine Welt! – Geöffnet wird aber auch der Unterricht: Methodisch und organisatorisch wird er so verändert, dass Schülerinnen und Schüler selbst entscheiden können, was sie lernen, wie lange und mit wem sie lernen. Dabei sollen verschiedene Formen des Lernens zueinander finden: das kognitive Lernen, das praktische Tun, das affektive Lernen und das soziale Lernen in der gemeinsamen Arbeit. Im Idealfall bestätigt der offene Unterricht dann den Satz des Konfuzius:

> *Erkläre mir, und ich vergesse.*
> *Zeige mir, und ich erinnere mich.*
> *Lass es mich tun, und ich begreife.*

Diese chinesische Weisheit entspricht aber durchaus auch dem christlichen Menschenbild und den Zielen des Religionsunterrichts: Selbstständigkeit und die Fähigkeit zum eigenen Urteil strebt der Religionsunterricht an; Ich-Stärke will er fördern und die Fähigkeit zur Zusammenarbeit.

So weit, so gut. Doch auf dem Weg in die »Schmuddeligkeit des Alltags« (Hartmut von Hentig) stellen sich manche Probleme ein:

- Fuhrt der offene Unterricht zur Beliebigkeit?

- Was machen Schülerinnen und Schüler, die wenig motiviert sind zur Arbeit?

- Kann man Schülerinnen und Schülern wirklich die Planung der Arbeit und die freie Wahl des Lerngegenstandes überlassen?

- Beschäftigt sich der »Offene Unterricht« nicht über weite Strecken mit fachfremder Trivialität (Ausschneiden, Kleben, Malen ...)?

In diesen und anderen Einwänden steckt viel Bedenkenswertes. »Offener Unterricht« ist eben kein Zauberwort zur Lösung aller Schul- und Gesellschaftsprobleme. Vor allem eines bedeutet offener Unterricht nicht: Die Schülerinnen und Schüler arbeiten selbstständig, die Lehrperson hat wenig zu tun. – Die Arbeit, die Lehrkräfte haben, verschiebt sich nur, vor allem aber ändert sich die Rolle der Lehrerinnen und Lehrer:

- Die Unterrichtsvorbereitung wird im offenen Unterricht bedeutsamer und aufwendiger: Materialien müssen ausgesucht und bearbeitet werden; Lernaufgaben müssen entwickelt werden.

- Während des Unterrichts haben die Lehrkräfte wichtige Aufgaben:
  Sie arrangieren soziale Lernprozesse.
  Sie wecken Interesse und Begeisterung.
  Sie regen an, Aufgaben zu lösen.
  Sie fördern die Entdeckerfreude.
  Sie strukturieren das Arbeitsvorhaben und helfen Schülerinnen und Schülern, ihre Arbeit zu strukturieren.

- Am Ende des Projekts helfen Lehrkräfte, die Ergebnisse zu sichern und zu präsentieren.

- So werden Lehrerinnen und Lehrer zu Lernbegleitern.
Im »Offenen Unterricht« ist die Lehrperson nicht von der Arbeit freigestellt; sie ist mitten im Unterricht als zurückhaltender, aber wichtiger Begleiter.

# Projektarbeit – Lernen durch eigene Erfahrung

## 1. Vor- und Nachteile der Projektarbeit

An vielen Schulen ist Projektarbeit mittlerweile bekannt und wird häufig praktiziert in Form von Projektwochen zwischen Zeugniskonferenzen und Ferienbeginn. Dass dies mehr sein kann, soll in diesem Abschnitt verdeutlicht werden.

Projektarbeit ist Lernen durch planvolles Handeln. Sie ist gekennzeichnet durch eine selbstbestimmte und selbsttätige Auseinandersetzung der Schülerinnen und Schüler mit Sachen und Problemen. Themenfindung, Planung, Organisation und Durchführung liegen weitgehend in der Hand der Schülerinnen und Schüler. Insofern findet in der Projektarbeit vorwiegend ein Lernen über das Handeln statt. Die Lehrperson übernimmt dabei die Rolle eines Beraters, Anregers und Helfers.

So bietet die Projektarbeit im Religionsunterricht etwa die Möglichkeit, dass sich die jungen Menschen mit Wertefragen auseinander setzen. Werte werden dabei nicht nur theoretisch reflektiert, sondern auch erfahren und verinnerlicht.

Als *Vorteile* des Projektlernens werden genannt:

- Die Förderung der *Kreativität*.
  Sie lernen sich selbständig mit dem Projekt-Thema auseinander zu setzen und versuchen aufgrund ihrer *Phantasie* und Kreativität das Projekt zu erarbeiten.

- Im Projekt lernen die Schülerinnen und Schüler den *selbstständigen Umgang mit Problemen und Problemlösungskonzepten.*

- *Selbstständigkeit* und *Eigeninitiative* werden gefördert.

- Sie lernen durch Projektarbeit selbständig zu *organisieren* und zu *planen*.

- Projektarbeit trägt dazu bei, dass die Teilnehmer soziale Verhaltensweisen entwickeln und stärken: *Soziale Kompetenz* wird durch *Rück-*

167

*sichtnahme, Anteilnahme, Verständnis, Achtung, Hilfsbereitschaft und emotionaler Wärme* gefördert.

- *Konkurrenzlernen,* wie im normalen Unterricht, wird durch die Projektarbeit weitgehend vermieden.

- Das *Wahrnehmen und Artikulieren von eigenen und fremden Schwächen* und ein Lösen von Konflikten mit angemessenen Mitteln und solidarisches Verhalten werden eingeübt.

- Im Projekt werden *Gruppenarbeit* und *Teamgeist* besonders groß geschrieben. Die Schülerinnen und Schüler lernen Zusammenarbeit und *egoistisches Verhalten zum Wohl der Gruppe abzulegen* und gemeinsam das Projekt zu erarbeiten.

- Projekte ermöglichen den Schülerinnen und Schülern ein *eigenverantwortliches Handeln*, indem jeder lernt, für sein Projekt und Handeln die Verantwortung zu tragen.

- Außerdem werden *Problembewusstsein, Entscheidungsfähigkeit* und *Handlungsbereitschaft* entwickelt.

- *Kritik-* und *Konfliktfähigkeit* spielen eine wichtige Rolle.

- Die *Stärkung des Selbstwertgefühls* bei einem gelungenen Projekt fördert die Selbstkompetenz.

- Projekte stellen für die Schülerinnen und Schüler eine *willkommene Abwechslung zum Schulalltag* dar, um dem alltäglichen Schultrott zu entkommen und ein wenig Freiraum für eigene, kreative Gedanken zu schaffen.

- Für die Schülerinnen und Schüler bedeutet Projektarbeit eine Schaffung freiheitlicher Arbeitsbedingungen und -abläufe, die ein hohes Maß an *Eigeninitiative, Spontaneität* und ein *Experimentieren* nach dem Grundsatz »Versuch und Irrtum« erlauben.

- Die Schülerinnen und Schüler werden angeregt zur *Umsetzung origineller Ideen*.

Es werden aber auch *Nachteile* dieser Art der Arbeit angeführt:

- Häufig ist es die *mangelnde Motivation,* die das Arbeiten in Projekten blockiert oder unmöglich macht.

- Auch die *fehlende Erfahrung mit Projekten* erschwert die Arbeit.
- Manche Schülerinnen und Schüler fühlen sich der Projektaufgabe nicht gewachsen, sind *überfordert, lustlos und resignieren.*
- Ein schwieriges Problem im leistungsorientierten Schulbetrieb stellt die *Notengebung* bei Projekten dar.
- Auch die Dynamik innerhalb der Gruppe kann zu unerwarteten Problemen führen.
- Projekte können sich auch in ein *Chaos* verwandeln, wenn sie nicht angeleitet, geplant und strukturiert sind.

In einer Zeit des Massenkonsums, in der Kinder und Jugendliche die Wirklichkeit überwiegend aus zweiter Hand erfahren, kann handlungsorientierter Projektunterricht eine Chance zu mehr ursprünglicher Erfahrung eröffnen. Projektarbeit ist Lernen durch eigene Erfahrung, durch Denken, Planen und Handeln im sozialen Miteinander.
Die Graphik auf S. 170 stellt die verschiedenen Schritte einer Projektarbeit vor. Diese sollten als Einstieg vorgestellt und besprochen werden. Während der Projektarbeit können die Gruppen immer wieder einen Blick darauf werfen und eine Zwischenbilanz ziehen.

# Projektschritte

## 1. Situationsanalyse

Analyse der bestehenden Situation:
Wie lautet die Fragestellung bzw. das
Problem? (Umfrage, Interview, Berichte)

## 2. Zielsetzung

Welche Ziele werden angestrebt?
Was soll erreicht werden? Wie und mit
welchen Mitteln können wir arbeiten?
Prioritäten werden festgelegt.

## 3. Planung

Wer macht was, wann mit wem?
Entwicklung von Arbeitsschritten.

## 4. Durchführung
Umsetzung der Planung

 Aufgabe 1     Aufgabe 2     Aufgabe 3     Aufgabe 4     Aufgabe 5     Aufgabe 6

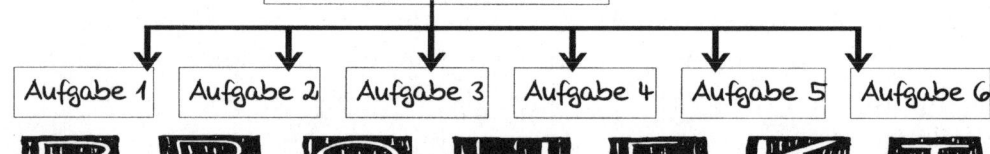

PROJEKT

## 5. Präsentation

Die erarbeiteten Lösungen werden präsentiert:
Ausstellung, Forumtheater, Collagen,
Broschüre, Videofilm, Podiumsdiskussion

## 6. Reflexion

Wie haben wir unsere Ziele erreicht?
Was hat mir gut gefallen? Worüber bin
ich unzufrieden?
Was war störend? Wie war das
Miteinander in der Gruppe? Was könnte
beim nächsten Projekt besser gemacht
werden?

# 2. Projektarbeit im Religionsunterricht

Identifikation und Auseinandersetzung sind wichtige Ziele des Religionsunterrichts. Das erreicht man durch Projektarbeit. Eine starre Festlegung auf eine Frage-Antwort-Methode wird gesprengt zugunsten einer eigenverantwortlichen, kritischen und schöpferischen Auseinandersetzung mit der christlichen Überlieferung, dem Glaubensgut und den Lebenssituationen, mit denen junge Menschen heute konfrontiert werden. Vor allem die Handlungskompetenz der Schülerinnen und Schüler wird gestärkt, sie werden zum Tun ermuntert. Fachkompetenz, Sozialkompetenz – das sind mittlerweile gängige Vokabeln in der Pädagogik. Auch der Religionsunterricht sollte die Chance nutzen, die Schülerinnen und Schüler selbst mehr in den Mittelpunkt der unterrichtlichen Aktivitäten zu stellen.

# 3. Projektskizzen zum Thema »Gewalt«

An einem Beispiel soll verdeutlicht werden, wie ein Projekt im Rahmen des Religionsunterrichts verlaufen kann:

### 1. Situationsanalyse
Die Sch. sammeln in einem Brainstorming aktuelle Themen, die sie betreffen und zu dem sie in einem Projekt arbeiten möchten. Das Thema Gewalt betrifft, auch wegen aktueller Vorfälle in der Schule, viele.

### 2. Zielsetzung
Das Thema Gewalt soll von verschiedenen Gesichtspunkten her beleuchtet werden. Die Sch. möchten Informationen zusammentragen, informieren und zum Nachdenken anregen. Außerdem sollen Alternativen zur aggressiven Konfliktbewältigung vorgestellt werden.

### 3. Planung
Es werden die unterschiedlichsten Themenbereiche und Projektideen vorgeschlagen und auf ihre Realisierbarkeit hin hinterfragt. Gruppen werden eingeteilt und Teamleiter ernannt.

## 4. Durchführung

Die Sch. arbeiten in 4–5 Unterrichtsstunden in den folgenden Gruppen:

- Umfrage (Eine Umfrage wird erarbeitet und in der Schule durchgeführt und ausgewertet)
- Collage (Die Gruppe sammelt Bilder und Texte und stellt sie zu einer Collage zusammen)
- Mobbing (Die verschiedenen Formen von Mobbing werden gesammelt und kritisch hinterfragt)
- Gewalt im Fernsehen (Die Sch. analysieren Gewaltvideos)
- Gewalt in Computerspielen (Die Sch. analysieren Computerspiele)
- Anti-Gewalt-Theater (Die Sch. entwickeln in Form kurzer gespielter Szenen Möglichkeiten der Konfliktlösung)

Der Lehrer oder die Lehrerin unterstützt die einzelnen Gruppen mit Informationsmaterial und trifft sich zwischendurch mit den Teamleitern, um Absprachen zu treffen.

## 5. Präsentation

Die fertigen »Produkte« werden im Plenum präsentiert. Vielleicht besteht auch die Möglichkeit, die Projektergebnisse mehreren Klassen vorzustellen und gemeinsam zu diskutieren.

## 6. Reflexion

Die einzelnen Teams dokumentieren und reflektieren ihre Arbeit; anschließend wird in der Klassengemeinschaft das Projekt »Gewalt« ausgewertet.

## Freiarbeit

# 1. Was ist Freiarbeit?

Freiarbeit bedeutet nicht, dass die Sch. machen dürfen, was sie wollen. Es ist auch keine ziellose Methode zur Auflockerung des Unterrichts. Sie ist vielmehr eine Form des selbstständigen Lernens, die sich an den individuellen Bedürfnissen der Sch. ausrichtet. Dabei werden Räume für selbstständiges Lernen und selbstverantwortetes Handeln geschaffen.

Die Methode der Freiarbeit orientiert sich vor allem an den reformpädagogischen Konzepten von Maria Montessori, Celestin Freinet und Peter Petersen (»Pädagogik vom Kinde aus«). Die Sch. sollten sich das Wissen und Können nicht anlernen und einpauken lassen. Im Vordergrund stehen vielmehr »die Betonung der Zusammengehörigkeit von manuellem und geistigem Tun und eine Hinwendung zur schöpferischen ›Selbst-Tätigkeit‹ des Kindes, das seinen Wissenszuwachs in aktiver Auseinandersetzung mit dem Unterrichtsstoff erlangen soll« (Birgit Menke, Freiarbeit. Eine Chance für den Religionsunterricht, Verlag Die Blaue Eule, Essen 1992, S. 16).

Das Denken von Maria Montessori hat die Freiarbeit wesentlich geprägt. Sie geht davon aus, dass jedes Kind eine eigene Persönlichkeit ist. Indem es die in ihm grundgelegten Möglichkeiten in Freiheit entwickeln und in Ruhe wachsen lassen kann, kommt es zu sich selbst. Dementsprechend ist Freiarbeit der Freiraum für eigenes Tun im Sinne des Wachsenlassens der kindlichen Anlagen. In der Arbeit mit dem frei wählbaren Montessori-Material soll das Kind zu einer inneren Ruhe und Sammlung finden (»Polarisation der Aufmerksamkeit«), um so innere Sicherheit und Selbstbewusstsein zu entwickeln. Neben der freien Wahl des Materials ist für Montessori die Gestaltung des Klassenzimmers (»vorbereitete Umgebung«) bedeutsam. Für das Kind heißt dies: Bewegungsfreiheit und freier Zugang zu den Dingen. Der Lehrer oder die Lehrerin übernimmt in dieser Konzeption die Rolle des Beraters, der jederzeit um Hilfe gebeten werden kann.

Das Prinzip der Freiheit soll für drei Bereiche noch näher beschrieben werden:

### a. Freiheit in der Wahl des Arbeitsmaterials

Die Sch. haben die Möglichkeit, aus einer vorgegebenen Fülle von Lern- und Arbeitsmaterialien sowie inhaltlichen Angeboten das auszuwählen, was für sie wichtig und interessant ist. Indem ihnen so die Freiheit der Wahl des Arbeitsmaterials zugestanden wird, setzen sie für sich selbst auch die Ziele und Inhalte des Lernens. Das heißt, sie entscheiden, wie ausführlich sie sich mit einem Thema auseinander setzen wollen und in welcher Weise sie die Ergebnisse zusammenfassen wollen. Ein solches selbst organisiertes Lernen kann natürlich nur Schritt für Schritt erlernt werden.

### b. Freiheit in der Einteilung der Zeit

Die Sch. lernen nach und nach, ihre Lernleistung auch in einen zeitlichen Rahmen einzupassen, die ihnen zur Verfügung stehende Zeit sinnvoll und eigenverantwortlich zu nutzen.

### c. Freiheit in der Wahl der Sozialform

Die Sch. entscheiden, mit wem sie zusammenarbeiten wollen (mit einem Partner, in einer Gruppe oder allein). Dabei stehen vor allem das Erlernen von Kooperation und Interaktion im Sinne der Sache, um die es geht, im Vordergrund.

Freiarbeit hat immer zwei Seiten (nach Horst Klaus Berg/Ulrike Weber: So lebten die Menschen zur Zeit Jesu. Freiarbeit Religion 1. Calwer Verlag, Stuttgart/Kösel-Verlag, München 1996, S. 24 f.): Da ist zunächst die *prozessbezogene Freiarbeit*, in der es vor allem um das selbstbestimmte Lernen geht. Dabei organisieren die Sch. die Arbeit in eigener Verantwortung. Der *gegenstandsbezogenen Freiarbeit* geht es vor allem um das Erlernen von Methoden und Erkenntniswegen, die den Schülerinnen und Schülern das selbstständige Arbeiten und Erschließen von Inhalten ermöglichen.

# 2. Strukturierung der Freiarbeit

**a. Die veränderte Lehrerrolle**
Ehe der eigentliche Prozess der Freien Arbeit beginnen kann, hat die Lehrperson eine intensive Vorarbeit zu leisten. Für die Organisation der Freiarbeit ist die Grundlage ein gut durchdachtes Konzept. Dabei sollte der Lehrer oder die Lehrerin bedenken, welche Inhalte für die Freiarbeit gut geeignet sind und in welcher Form diese Inhalte an die Sch. herangetragen werden. Vor allem die veränderte Lehrerrolle sollte reflektiert und überdacht werden. Die folgenden Leitfragen sollen eine Hilfestellung bieten:

- Stehe ich als Pädagoge hinter der Methode der Freiarbeit?

- Traue ich es mir und den Sch. zu, diesen neuen Weg zu gehen?

- Aufgrund welcher pädagogischen Überzeugung setze ich die Freiarbeit ein?

- Habe ich Angst vor meiner sich verändernden Rolle als Moderator, Animateur, Berater und Helfer?

- Ist es wichtig für mich, dass meine Sch. lernen, selbstständig zu arbeiten?

**b. Die Vorbereitung der Schülerinnen und Schüler**
Auch die Sch. müssen auf diese neue Möglichkeit des Unterrichts vorbereitet sein. Dazu einige Fragen:

- Habe ich die Sch. bereits auf die Freiarbeit vorbereitet, oder ist es ein ganz neues Arbeiten für sie?

- Wie ist mein Verhältnis zur Klasse?

- Sind die Sch. interressiert an selbstständigem Arbeiten oder ist es eine Überforderung?

- Ist das Sozialverhalten in der Klasse so weit fortgeschritten, dass sie sich auf Teamarbeit einlassen können?

Wenn die Sch. unvorbereitet mit der Freiarbeit konfrontiert werden, sind sie schnell überfordert. Sie können ihre Lernprozesse erst dann selbstständig organisieren, wenn sie grundlegende Arbeitsweisen und Techniken erlernt haben. Es können zur schrittweisen Vorbereitung einzelne Elemente der Freiarbeit in den Unterricht eingebaut werden. Das kann z.B. das Erarbeiten bestimmter Aufgaben in Partner- und Gruppenarbeit sein.

### c. Materialbeschaffung

Auch die Art der Aufarbeitung des Materials ist für die Freiarbeit von besonderer Bedeutung. Es sollte genügend Material zur Verfügung stehen, sodass alle Sch. gleichzeitig arbeiten können. Wenn die Freiarbeit ein ganz neues Feld darstellt, ist eine längere Sammelphase notwendig. Am Ende dieses Kapitels werden einige im Fachhandel angebotene Freiarbeitsmaterialien für den Religionsunterricht vorgestellt. Sinnvoll erscheint es, sich in anderen Schulen nach bereits erprobten Materialien umzuschauen und gegebenenfalls eine Tauschbörse zu initiieren (etwa im Rahmen einer Arbeitsgemeinschaft bzw. über religionspädagogische Arbeitsstellen). Das Arbeitsmaterial selbst sollte klar strukturiert und logisch aufgebaut sein. Dabei ist die Vielfalt wichtig (Bilder, Texte, Spiele, Puzzle, Malutensilien, Bastelmaterial, Pappe, Lieder, Geschichten, u.a.).

### d. Die Gestaltung des Klassenraums

Freiarbeit setzt eine grundsätzliche Neugestaltung des Klassenraums voraus. So müssen Bereiche für die einzelnen Arbeiten geschaffen werden. Die entsprechenden Materialien für die einzelnen Arbeiten werden dort in Kisten, Schubladen, Regalen und Kartons aufbewahrt und stehen den Schülerinnen und Schülern zur Verfügung. Auch Wände und Freiflächen für die Präsentation der Ergebnisse sollten vorhanden sein. Auf dem Hintergrund, dass Schule nicht nur Lern-, sondern auch Lebensraum ist, könnte eine wohnliche Atmosphäre (Sessel, Sofa, Decken, Kerzen, Pflanzen) hilfreich sein.

### e. Die verschiedenen Phasen der Freiarbeit

Auch die Freiarbeit verläuft in einer strukturierten Form ab. Es gibt keine einheitliche Vorgabe, wie Freiarbeit aussehen soll. Daher ist die folgende Darstellung bzw. Vorgehensweise ein Vorschlag, der jederzeit auf die je vorgegebenen Umstände angepasst werden kann.

# Freiarbeit

## 1. Vorbereitungsphase

Der Lehrer entwickelt ein Konzept für
die Freiarbeit: Themenauswahl, Material-
sichtung und -auswahl, Aufgabenstellung,
Gestaltung des Klassenraums, Verlauf der
Freiarbeit, Projektsicherung, ...

## 2. Orientierungsphase

Der Lehrer gibt Hinweise, Informationen
und Ratschläge zu den Inhalten und Aufgaben. Er stellt die Materialien und deren
Handhabung vor..

## 3. Planungsphase

Die Schüler planen und organisieren
selbständig ihr Vorhaben (Gruppenbildung,
Materialsuche, Abfolge der Aufgaben).

## 4. Arbeitsphase

Die Schüler beschäftigen sich
selbständig(alleine oder in Gruppen)
mit der ausgewählten Arbeit. Der
Lehrer steht als Ansprechpartner zur
Verfügung und unterstützt gezielt
einzelne Schüler.

## 5. Abschlußphase

Rückblick auf die Arbeit und Präsentation
der Ergebnisse (Reflexion, Lob, Kritik,
Ausblick).

## 6. Archivierungsphase

Die Ergebnisse und Produkte der Freiarbeit werden aufbewahrt (Ordner, Ausstellung).

# 3. Kompetenzen, die Freiarbeit verlangt und fördert

Aus pädagogischem Blickwinkel hat sich in den letzten Jahren eine deutliche Erweiterung des Lern- und Bildungsverständnisses ergeben. Unterricht bedeutet nicht mehr lediglich eine fachspezifische Kenntniserweiterung, die jederzeit reproduzierbar ist. Immer deutlicher rückten die Sch. in den Vordergrund. So wurde neben der fachlichen Kompetenz das sozial-kommunikative Lernen zu einem wichtigen Stützpfeiler schulischer Bildung. Was Sch. und L. im Rahmen der Freiarbeit alles lernen können, soll hier skizzenhaft verdeutlicht werden.

## Fach- und Methodenkompetenz

**Schüler/Schülerin:**

- Inhalte, Definitionen und Fakten selbstständig aneignen und erschließen

- Fähigkeit, den eigenen Lernweg selbstständig zu konzipieren und zu gehen

- Lern- und Arbeitstechniken aneignen und trainieren

- selbst Informationen beschaffen, verarbeiten und auswerten

- recherchieren

## Sozialkompetenz

**Schüler/Schülerin:**

- Zusammenarbeit und Teamfähigkeit ohne Konkurrenzdenken einüben

- Mitschülern hilfreich zur Seite stehen

- die Sch. können sich in den individuellen Fähigkeiten ergänzen und voneinander lernen

## Selbstkompetenz

**Schüler/Schülerin:**

- sich motivieren und sich engagieren

- durch persönliche Erfolgserlebnisse Selbstvertrauen und Selbstbewusstsein festigen

- Entscheidungsfähigkeit bilden

- Erfolg erleben

- Stärken und Schwächen erkennen und damit umgehen lernen

- Arbeitsvorhaben selbst planen und durchführen
- kreative Kräfte entfalten

**Lehrerin/Lehrer:**

- die Reflexion des pädagogischen Handelns fördern
- vielfältige und originelle Zugänge zu den Inhalten kennen lernen und ausprobieren
- Aufarbeiten von Inhalten unter verschiedenen Gesichtspunkten
- Erweiterung der methodischen Kompetenz
- neue Lust am Lernen und Lehren
- Lernprozesse in überschaubaren Bausteinen strukturieren
- sich einen Materialüberblick verschaffen und auswählen

**Lehrerin/Lehrer:**

- gemeinsam mit den Schülerinnen und Schülern planen und arbeiten
- Beziehungs-, Kommunikations- und Kooperationsfähigkeit verstärken
- auf Stärken und Schwächen einzelner Sch. eingehen und diese gezielt fördern
- kollegiale Zusammenarbeit einfordern und einüben
- die Sch. neu erleben (Leistungsbereitschaft und Fähigkeiten entdecken)
- Arbeiten in einem entspannten Lernklima

- allein oder in Gruppen arbeiten lernen
- Umgang mit der Zeit
- den verantwortungsvollen Umgang mit der gewonnenen Freiheit erproben
- die Lernfreude soll erhalten und gefördert werden
- die eigenen Kräfte und Begabungen realistisch einschätzen und einsetzen

**Lehrerin/Lehrer:**

- Überdenken der eigenen Lehrerrolle (Moderator, Berater, Animateur)
- Aufgeben der Führungsrolle zugunsten der Selbstständigkeit der Sch.
- das Lernverhalten der Sch. aus der Distanz beobachten
- Gruppenprozesse erkennen und entsprechend reagieren
- individuelle Lernprozesse fördern

# 4. Freiarbeit im Religionsunterricht

Im Religionsunterricht ist die Freiarbeit eine sinnvolle Methode, die in den letzten Jahren großes Interesse findet. Auch hier ist, wie in anderen Fächern, eine grundlegende (religions-)pädagogische Konzeption Grundvoraussetzung für ein sinnvolles und effektives Arbeiten, das die Sch. in ihrer Entwicklung und mit ihren Fähigkeiten ernst nimmt.

Freiarbeit in einem Fach, und sonst läuft es wie immer! Das ist nicht sinnvoll und letztlich auch nicht durchführbar. Deshalb ist es wünschenswert, sich innerhalb eines Kollegiums (mindestens aber im Klassenkollegium) über die Grundsätze der Freiarbeit zu verständigen, Absprachen zu treffen, Grundlagen zu schaffen (Gestaltung des Klassenzimmers, Grundmaterialien), sich regelmäßig auszutauschen und die pädagogische Idee zu überprüfen. Unverzichtbar ist also ein Kollegium, das bereit ist, die Freiarbeit einzuführen und zu unterstützen.

Freiarbeit im Religionsunterricht unterstützt das Anliegen einer eigenständigen Erarbeitung des Glaubensgutes und einer aktiven Gestaltung des Religionsunterrichts durch die Sch.

Für Anfänger ist es sinnvoll, Schwerpunkte zu bilden und sich zuerst auf *ein* Thema zu konzentrieren. Der Aufbau einer Materialsammlung dauert einige Zeit. Dabei ist es hilfreich, sich inspirieren zu lassen von dem, was es bereits an erprobten Materialien gibt.

Themenbereiche, die sich für den Religionsunterricht eignen:

- Die Psalmen

- Der Schöpfungsbericht

- Befreiungsgeschichten

- Gottesbilder

- Jesusbegegnungen

- Heilungserzählungen

- Der Kreuzweg

- Es gibt Menschen, die anders sind

- Heilige und Vorbilder

- Symbole (Tür, Weg, Wasser, Sonne, Licht)

## CHECKLISTE
## FREIARBEIT

- Ist das Thema für die Schülerinnen und Schüler interessant genug?

- Habe ich Material, das schülergerecht aufbereitet ist?

- Was beschaffen die Schülerinnen und Schüler selbst?

- Habe ich die Schülerinnen und Schüler auf die Freiarbeit vorbereitet?

- Welche Schülerinnen und Schüler will ich besonders beobachten bzw. unterstützen?

- Sind Absprachen mit dem Kollegium getroffen?

- Wie sichere ich die Ergebnisse?

- Wie sieht unser Produkt aus (Mappe, Ausstellung, Collage, Spiel)?

- 
- 
- 
-

# Lernstraße

| | |
|---|---|
| Eignung: | Die Sch. lernen selbstbestimmt und selbstorganisiert |
| Alter: | ab 8 Jahre |
| Dauer: | ca. 45 Minuten |
| Beschreibung: | Von einer »Lernstraße« spricht man, wenn im Klassenraum verschiedene »Stationen« aufgebaut sind, die Angebote zu einem Lernthema machen. |

Die Sch. wählen die Reihenfolge der Stationen, die sie angehen. Wenn alle die Lernstraße in einer vorgegebenen Zeit begangen haben, wird im Klassenverband ein Rückblick gehalten.

(Was habe ich gelernt? Was möchte ich noch genauer wissen? Was habe ich nicht verstanden?)

| | |
|---|---|
| Hinweis: | Es liegt in der Entscheidung der Sch., welche Station sie wann angehen (»Wahlstationen«). |
| Variante: | Es können aber auch »Pflichtstationen« vorgegeben sein. Mit Hilfe eines »Fahrplanes« begehen die Sch. die Stationen (»Du hast die Wahl zwischen 12 Stationen, die Stationen 4, 6, 7, 9 und 10 musst du angehen, die anderen kannst du frei wählen!«). |

Die einzelnen Stationen können von den Schülerinnen und Schülern ergänzt werden (Hausaufgabe).

# Wochenplanarbeit

| | |
|---|---|
| Eignung: | Intensive Auseinandersetzung mit einem Thema unter verschiedenen Gesichtspunkten |
| | Eröffnet Möglichkeiten, eigenständig zu lernen |
| | Aufgaben zielorientiert und sachgerecht bearbeiten |
| | Eigenständiges Organisieren und Durchführen einer Arbeitsaufgabe |
| Alter: | ab 7 Jahre |
| Dauer: | eine Woche |

**Beschreibung:** Die Sch. erledigen selbstständig in einem bestimmten Zeitraum vorgegebene Aufgaben für einen oder mehrere Lernbereiche. Bei einem Wochenplan gibt es Pflichtaufgaben, die die Sch. unbedingt erledigen müssen und Wahlaufgaben, aus denen man sich eine oder mehrere aussuchen kann.

**Formen der Wochenplanarbeit:**
- Wochenpläne für ein einzelnes Fach
- Wochenpläne für mehrere Fächer. Dabei bestehen mehr Wahlmöglichkeiten; die einzelnen Fachlehrer müssen zusammenarbeiten.
- Projektorientierte Wochenpläne: die Sch. entscheiden mit über Inhalt, Weg, Ziel und Methode.
- Wochenpläne, die die Sch. selbst entwerfen

**Hinweise:**
- Die Wochenpläne sollten nicht überstrapaziert werden. Daher sollte nie der gesamte Unterricht aus Wochenplanarbeit bestehen.
- Ein fächerübergreifender Unterricht verlangt eine intensive Vorbereitung und Absprache unter den Fachlehrern.
- Auch ein flexibler Umgang mit der Zeit (Klingelzeichen) ist notwendig.
- Den Sch. sollte die Struktur der Wochenplanarbeit deutlich sein. Hilfreich sind folgende Fragen:

Was muss ich tun? (Pflichtaufgaben)

Was darf ich tun? (Wahlaufgaben)

Welche Hilfsmittel brauche ich, um die Aufgaben zu lösen?

Wie kann ich vorgehen?

Wann arbeite ich nach dem Plan?

**Variante:** Damit sich die Sch. an die neue Arbeitsform gewöhnen, kann es sinnvoll sein, mit einem Tagesplan zu beginnen. Hierbei sind natürlich die Wahlmöglichkeiten eingeschränkt. Mit Tagesplänen lässt sich auch gut in einem Fach unterrichten.

# Wochenplan
## für die Zeit vom          bis

Name:                      ❑ Ich arbeite allein
..........................  ❑ Ich arbeite zusammen mit ........................

................................ , ................................ , ..........................

### Thema: Unsere Pfarrgemeinde

Deine Aufgabe besteht darin, eine Werbeschrift über Deine Pfarrgemeinde
zu gestalten. Dazu mußt Du zunächst Informationen sammeln (Pfarrkirche,
Pfarrer, Pfarrgemeinderat, Verwaltungsrat, Gottesdienstzeiten, Jugendarbeit,
Meßdiener, Erwachsenenbildung, Kindergarten, u.a.). Die Broschüre kann
neben den Texten auch Zeichnungen und Bilder enthalten. Du darfst auch
eigene Schwerpunkte setzen. Du kannst die Aufgabenstellung alleine oder
mit anderen, die in deinem Ort wohnen, bearbeiten. Die Gruppe sollte aber
höchstens vier Mitglieder haben. Du kannst in der Religionsstunde und
zu Hause an der Aufgabe arbeiten. Abgabetermin ist der ................
Viel Spaß wünscht Dir

................................

## TIPS TIPS TIPS TIPS  TIPS TIPS  TIPS TIPS  TIPS TIPS

❑ Informationen könnt Ihr beschaffen: beim Pfarrer, im Pfarr-
   büro, bei Pfarrgemeinderatsmitgliedern, nach den Gottes-
   diensten.

❑ Macht Euch bei den Interviews Notizen.

❑ Vielleicht findet Ihr alte Fotos von der Pfarrkirche.

❑ Die Broschüre sollte eine ansprechende Form haben.

❑ Fragt andere Leute, ob sie Eure Broschüre für ansprechend
   halten.

## TIPS TIPS  TIPS TIPS  TIPS TIPS  TIPS TIPS  TIPS TIPS  TIPS TIPS

# Experten unter sich

| | |
|---|---|
| **Eignung:** | Fördert das eigenständige Aneignen von Wissen |
| | Fördert die Teamarbeit |
| | Einübung der Weitergabe von erlerntem Wissensstoff |
| **Alter:** | ab 14 Jahre |
| **Dauer:** | je nach Themenumfang ca. 4 Unterrichtsstunden |
| **Beschreibung:** | Die Klasse wird in verschiedene Stammgruppen aufgeteilt, die etwa fünf Teilnehmer haben. Aus jeder Gruppe wird ein Mitglied in eine so genannte Expertengruppe abgesandt, die sich mit einem bestimmten Thema auseinander setzt. Die Materialien werden von der Lehrperson vorgegeben oder können selbst gesucht werden (z.B. Bibliothek, Bücherei). Die Expertengruppen erarbeiten einen ganzen Themenkomplex bzw. einen Teilaspekt eines Themas. Die Experten gehen zurück in ihre Stammgruppen und jeder informiert über sein Thema. |
| **Hinweis:** | Diese Methode ist besonders für leistungsheterogene Gruppen geeignet, bei der alle das Ziel erreichen sollen. |

# EXPERTEN UNTER SICH

## Thema: Judentum

### Stammgruppen

### Expertengruppen

Die Geschichte eines Volkes

jüdischer Alltag

Glaube und Feste

Judentum und Christentum

Judentum heute

Aus jeder Stammgruppe geht ein Mitglied in eine Expertengruppe,
Informiert sich über einen Themenbereich und gibt das Gelernte an die Stammgruppe weiter

# Umfrage

| | |
|---|---|
| Eignung: | Informationsbeschaffung |
| | Abfragen eines Meinungsspektrums |
| Alter: | ab 14 Jahre |
| Dauer: | 3-4 Unterrichtsstunden |
| Beschreibung: | Es gibt verschiede Arten von Umfragen: |

**Mini-Umfrage:**
Zu einem bestimmten Thema oder Problembereich werden verschiedene Personen befragt und um Stellungnahme gebeten. Dabei wird nicht nachgefragt oder kommentiert. Die Antworten werden schriftlich dokumentiert oder mit Hilfe eines Kassetten- oder Videorekorders aufgezeichnet und anschließend im Unterricht ausgewertet.

**Interview:**
Gezielt werden Gespräche mit ausgewählten Personen zu einem festgelegten Thema geführt. Dabei sollte auf die Art des Fragens geachtet werden (offene oder geschlossene Fragen).

**Datenerhebung:**
Bei dieser Art der Umfrage sollen Meinungen und Einstellungen statistisch erfasst und ausgewertet werden. Der Fragebogen sollte dabei detailliert ausgearbeitet sein.
Aktivierende Befragung:
Betroffene Personen werden direkt zu einem Problemfeld angesprochen. Es geht um die Verdeutlichung eines Themas und die Frage nach den Möglichkeiten der Veränderung.
Beispiel: Was gefällt dir nicht an den Aufenthaltsräumen in unserer Schule? Was sollte verbessert werden?

Hinweis:
- Bei allen Formen der Umfragen ist eine gründliche Vorbereitung notwendig. Dies kann in Kleingruppen mit unterschiedlicher Aufgabenstellung geschehen (Ausarbeitung der Fragen, Vorbereitung der Auswertung, technische Vorbereitungen, Terminvereinbarung).
- Der Computer bietet vielfältige Hilfen bei der Auswertung (z.B. Diagramme). Die Ergebnisse werden im Unterricht besprochen, dokumentiert und evtl. veröffentlicht (Zeitungsbericht, Aushang in der Pausenhalle).
- Die Aktion sollte mit den Kollegen abgesprochen sein.
- Eine Zusammenarbeit mit den EDV-Lehrern kann bei der Auswertung hilfreich sein.

# Verschiedene Arten von Fragen:

**Geschlossene Fragen**
Antworten können nur im Rahmen von vorgegebenen Alternativen gegeben werden.
*Alternativfragen:* z.B.: Sind Sie mit Ihrem Leben zufrieden? Ja/Nein
*Multiple-Choice-Fragen:* Aus den vorgegebenen Antwortmöglichkeiten können alle zutreffenden angekreuzt werden; z.B.: Was verstehst du unter Gewalt?
*Mehrfachwahlfragen:* Eine richtige Antwort soll aus einer Reihe von Antworten angekreuzt werden.
*Skalierungen:* Aus einer Palette von »das trifft zu« bis »das stimmt überhaupt nicht« oder »gar nicht« bis »völlig« soll die eigene Einstellung ausgewählt werden.

**Offene Fragen**

Offene Fragen schränken die Antwortmöglichkeiten nicht ein, sondern lassen Raum für die eigene Meinung und Kommentierung der Befragten.

# Expertenbefragung

**Eignung:** Informationen erfragen
Gesprächsführung und Diskussion einüben

**Alter:** ab 10 Jahre

**Dauer:** 1–2 Unterrichtsstunden

**Beschreibung:** Häufig bleiben bei einem Thema viele Fragen offen, die nur ein Experte beantworten kann. Er wird in die Unterrichtsstunde eingeladen und zum Thema befragt. Dabei soll der Fachmann bzw. die Fachfrau kein Referat halten, sondern auf konkrete Fragen Antworten geben. Es ist ratsam, das Gespräch in der Klasse vorzubereiten und sich vorher über die zu stellenden Fragen Gedanken zu machen. Ein Schüler oder eine Schülerin (oder eine Gruppe) könnte die Moderation des Gespräches übernehmen. Die Sch. sollten ermutigt werden, Fragen zu stellen. In einer Auswertung wird die Expertenbefragung aufgearbeitet und reflektiert.
Einige Sch. können die Befragung dokumentieren und somit für eine anschließende Weiterarbeit nutzen.

**Hinweis:**
- Mögliche Experten könnten sein: Pfarrer, Ordensschwester, Suchtberater, Alkoholiker, Schwangerschaftskonfliktberaterin, Jugendarbeiter, Zivildienstleistender ...
- Der Experte sollte gezielt ausgesucht werden. Ein Vorgespräch ist sinnvoll.

**Variante:** Einzelne Sch. können auch als Experten zu Rate gezogen werden, z.B. bei Themen wie »Meine Mutter erzieht mich alleine«, »Messdienerarbeit macht Spaß«, »Ich engagiere mich in der Jugendarbeit.« Es können auch Themen sein, bei denen sich einzelne Sch. durch Eigenstudium zu Experten entwickeln.

# Erkundungen

| | |
|---|---|
| **Eignung:** | Lernorte außerhalb der Schule erleben (Unterricht an einem anderen Ort) |
| | Vernetzung von Lebens- und Lernräumen |
| | Informationssammlung und Urteilsbildung |
| | Sch. machen Erfahrungen aus erster Hand |
| **Alter:** | ab 7 Jahre |
| **Dauer:** | 2-4 Unterrichtsstunden |
| **Beschreibung:** | Eine Exkursion ist ein Unterrichtsgang (bzw. Unterrichtsfahrt) mit dem Ziel, sich an Ort und Stelle über ein Thema zu informieren (z.B. ein Altenheim, eine Behinderteneinrichtung, ein Museum, eine Kirchengemeinde). Eine solche Erkundung muss inhaltlich gut vorbereitet sein. Vorinformationen über die zu besuchende Einrichtung sind einzuholen, Fragen werden ausgearbeitet und vorbereitet. |
| | Im Unterricht werden die gewonnenen Erfahrungen und Informationen aufgearbeitet und dokumentiert. |
| **Hinweis:** | Vor der Exkursion sollte ein Gespräch mit Personen der zu besuchenden Einrichtung geführt werden. Die Erwartungen der Sch. sollten dabei deutlich formuliert werden. |
| | Erkundungen können auch einen geselligen Teil umfassen (ein Picknick oder einen Stadtbummel). |
| | Die Erkundung sollte so weit wie möglich von den Schülerinnen und Schülern selbst vorbereitet werden. Der Unterschied zu einer Klassenfahrt sollte allen deutlich sein. |
| | Die Dokumentation der Erkundung kann in Form eines Zeitungsberichts oder einer Ausstellung geschehen. Auch so genannte »Schulendtage« könnten in dieser Form (Besuch verschiedener Einrichtungen, Gespräche mit Betroffenen – AIDS-Hilfe, Behindertenheim, Suchtberatung) durchgeführt werden. |

# Info-Stand

| | |
|---|---|
| **Eignung:** | Aneignung und Weitergabe von Informationen |
| | Öffentlichkeitsarbeit |
| **Alter:** | ab 12 Jahre |
| **Dauer:** | ca. 4 Unterrichtsstunden |
| **Beschreibung:** | Zu einem im Unterricht erarbeiteten Thema stellen die Sch. Informationsmaterial zusammen, entwerfen Handzettel und Collagen, Plakatwände und Schaubilder, Bücher und Filme. In der Pausenhalle, auf dem Schulhof oder in der Fußgängerzone wird der Info-Stand aufgebaut. Ziel ist es nicht, dass die Mitschülerinnen und –schüler in der Pause oder einer eigenen Unterrichtsstunde das Material passiv betrachten. Es geht vielmehr darum, mit ihnen ins Gespräch zu kommen, zu informieren und sich kritisch mit einem Sachverhalt auseinander zu setzen. Dazu ist eine gute thematische Vorbereitung notwendig. Nach der Aktion folgt eine Auswertung, bei der die Frage nach Konsequenzen im Vordergrund stehen sollte. |
| | Mögliche Themen sind z.B.: Abtreibung, Sterbehilfe, Kirche heute, Behinderte. |
| **Hinweis:** | • *Materialien:* Stellwände, Plakate, Handzettel, Musik, Lautsprecher, Bücher |
| | • Musik und Straßentheater können die Aktion lebendig und anschaulich machen |
| **Variante:** | Die Sch. konzentrieren sich auf eine Informationsform (z.B. Plakate). |

# Infothek

| | |
|---|---|
| **Eignung:** | Fördert die Eigeninitiative zur Informationsaneignung |
| | Macht neugierig |
| **Alter:** | ab 6 Jahre |
| **Beschreibung:** | Eine Bibliothek (Fachbücher, Bibeln, Liederbücher, Gebetbücher, Kassetten, Bilderbücher, Heiligenbücher, Fotosammlung) steht allen Schülerinnen und Schülern im Klassenraum zur Verfügung. Sie können in den Pausen oder während des Unterrichts ihren Wissensdrang stillen. |
| **Hinweis:** | Die Bibliothek sollte für die Sch. jederzeit zugänglich sein. Eventuell könnte auch ein Ausleihdienst organisiert werden. |
| **Variante:** | • Die Sch. können die Bibliothek durch eigene Leihgaben ergänzen. |
| | • Nach und nach werden Karteikarten zu einzelnen Stichwörtern angelegt. |

# Die Puppenecke

| | |
|---|---|
| **Eignung:** | Fördert die Anschaulichkeit theoretischer Aspekte |
| | Füllt Geschichten mit Leben |
| **Alter:** | ab 6 Jahre |
| **Beschreibung:** | In einer Ecke des Klassenraumes steht ein Sortiment an Puppen bereit (Bären, Theaterpuppen, Barbies, ...), die in den Kinderzimmern der Sch. ausgedient haben. Sie können im Religionsunterricht immer wieder eingesetzt werden. So werden biblische Geschichten auf einmal ganz lebendig, indem sie gespielt und aktualisiert werden. |
| **Hinweis:** | Die Puppen können natürlich auch zweckfrei benutzt werden, einfach so zum Spielen und Kuscheln. |

# Die Stille-Ecke

**Eignung:** Fördert die selbstständige Initiative zur Stille und Meditation

Bietet Raum zum Zurückziehen

**Alter:** ab 6 Jahre

**Beschreibung:** Die Stille-Ecke bietet den Kindern die Möglichkeit, sich an einen Ort zurückzuziehen, der eine besondere Ausstrahlung hat. Kerzen und Lichter, Bilder und Stifte, Bücher, Decken, Kassettenrekorder mit Kopfhörer laden ein zum Verweilen. Er sollte nach Möglichkeit durch einen Raumteiler vom übrigen Klassenraum abgetrennt sein.

**Hinweis:** Den Kindern sollte klar sein, dass die Stille-Ecke ein besonderer Raum ist, an den man sich zurückziehen kann und wo man nicht gestört wird.

### Literaturhinweise

Berg, Horst Klaus/Weber, Ulrike: So lebten die Menschen zur Zeit Jesu. Freiarbeit Religion 1, Calwer Verlag, Stuttgart/Kösel-Verlag, München 1996

Berg, Horst Klaus: Freiarbeit im Religionsunterricht. Konzepte – Modelle – Praxis. Calwer Verlag, Stuttgart/Kösel-Verlag, München 1997

Dincklage, Eleonore v. (Hrsg.): Unterwegs durch die Bibel. Lernstraße in 17 Stationen für die Sekundarstufe, Hänssler-Verlag, Stuttgart 1996

Duncker, Ludwig/Götz, Bernd: Projektunterricht als Beitrag zur inneren Schulreform. Begründungen, Erfahrungen, Vorschläge für die Durchführung von Projektwochen, Armin Vaas Verlag, Langenau-Ulm, 1988

Gehrlein, Pia: Leben, Glaube und Geschichte des Judentums. Freiarbeitsmaterialien für den Religionsunterricht, Katechetisches Institut des Bistums Trier, 1997

Groß, Engelbert (Hrsg.): Freies Arbeiten in weiterführenden Schulen. Hinführung – Begründung – Beispiele, Verlag Ludwig Auer, Donauwörth 1992

Hänsel, Dagmar (Hrsg.): Handbuch Projektunterricht, Beltz Verlag, Weinheim und Basel 1997

Hegele, Irmtraut (Hrsg.): Lernziel: Freie Arbeit. Unterrichtsbeispiele aus der Grundschule, Beltz Verlag, Weinheim und Basel 1995

Menke, Birgit: Freiarbeit. Eine Chance für den Religionsunterricht, Verlag Die Blaue Eule, Essen 1992

Vaupel, Dieter: Handeln und Lernen in der Sekundarstufe. Zehn Praxisbeispiele aus dem offenen Unterricht, Beltz Verlag, Weinheim 1997

# 6. Spielend lernen

## Spiele im Religionsunterricht

Fußball und Tennis, Spiele auf der Straße oder Gesellschaftsspiele: im Freizeitbereich der Kinder und Jugendlichen steht das Spielen oft im Vordergrund.

Spiele haben immer etwas mit Freiheit, Selbstbestimmung und Kreativität zu tun. Dabei spielen Regeln eine wichtige Rolle. Sie dürfen jedoch nicht die Spiellust einschränken und hemmen. Das Spiel ist eine Herausforderung an jeden Spieler, etwas von sich einzubringen.

Warum nicht auch in der Schule spielen?

Im Religionsunterricht eignen sich besonders »soziale Spiele« ohne Sieger und Verlierer. Ziel sollte es also sein, »miteinander zu spielen« und nicht »gegeneinander«.

Eine wichtige Voraussetzung ist die ungezwungene Atmosphäre, frei von Hemmungen und Ängsten. Wer mit Schülerinnen und Schülern im Religionsunterricht spielt, will zweierlei erreichen: die Lust am Spiel soll erlebt werden und gleichzeitig sollen Lern- und Kommunikationsprozesse gefördert werden.

Der Spielleiter – der nicht zwangsläufig immer die Lehrerin oder der Lehrer sein muss – hat die Aufgabe der Animation, Begleitung und Reflexion. Eine überbetonte zielgelenkte Pädagogisierung widerspricht dem Grundgedanken des Spielens. Spiel sollte möglichst frei sein von Verwendungszwecken und Manipulationen. Bei vielen Spielen ist der gruppendynamische Prozess, der in Gang gesetzt wird, vom Erzieher genau zu beobachten. Auch wenn die Spiele keine Wettkampffunktion haben, treten bestimmte Charakterzüge (z.B. Stärken und Schwächen) der Kinder und Jugendlichen häufig in Erscheinung. Sie haben für den Gruppenprozess innerhalb der Klassengemeinschaft eine nicht zu unterschätzende Bedeutung.

Wenn die Spiele in ihrem Verlauf keine Vorurteile hervorrufen oder verstärken, keine Rivalitäten aufkommen lassen und wirklich zur Befriedigung des Spielbedürfnisses beitragen, ist das Spiel pädagogisch sinnvoll.

Der Mensch kann das Spiel sehr ernst nehmen, er kann aber auch die ernsteren Dinge des Lebens spielerisch bewältigen. Das Spielen im Religionsunterricht ist eine Chance, den Alltag zu unterbrechen und ihn dennoch spielerisch zu bearbeiten. So haben die Gelehrten schon vor vielen Jahren die enge Verwandtschaft von Spiel und Religion (»Liturgie als Spiel«) entdeckt. Manche Kirchenväter verstanden das ganze Leben schon als »Spiel des Menschen vor Gott«.

Hugo Rahner beschreibt es folgendermaßen:

*»Spielen heißt, sich einer Art Zauber auszuliefern, sich selbst den absolut Anderen vorzuspielen, die Zukunft vorwegzunehmen, die böse Welt der Fakten Lügen zu strafen. Im Spiel werden die irdischen Wirklichkeiten ganz plötzlich zu Dingen des vorübergehenden Augenblicks, die man jetzt hinter sich lässt, die man los wird und in der Vergangenheit begräbt. Der Sinn wird vorbereitet, das Unvorstellbare und Unglaubliche zu akzeptieren, in eine Welt einzutreten, in der andere Gesetze gelten, von allen Gewichten befreit zu werden, die ihn niederdrücken, damit er frei sei, königlich, unbehelligt und göttlich«* (Der spielende Mensch, Einsiedeln 1952).

# Kennenlern- und Kontaktspiele

»Wer gehört alles in meine Klasse? Wen kann ich leiden? Wen mag ich nicht? Wen möchte ich besser kennen lernen? Ob ich mich wohl mit den anderen vertragen werde?«

Derartige Fragen bewegen viele Kinder und Jugendliche, wenn sie in eine neue Klasse kommen. Es geht dabei um Beziehungen. Solange hier Unsicherheit besteht, wird es schwierig sein, eine angenehme und vertrauensvolle Lernatmosphäre zu schaffen. Durch Kennenlern- und Kontaktspiele (»warming up«) werden Anfangsängste abgebaut. Die Schülerinnen und Schüler – aber auch die Lehrerinnen und Lehrer – sollen miteinander und mit der neuen Situation und Umgebung vertraut werden.

## Blitzlicht

Eignung: Die Kinder und Jugendlichen erleben, dass sie ihre Gefühle bzw. ihre Gedanken aussprechen dürfen und den anderen zuhören können
Förderung der Wahrnehmung der anderen in der Gruppe

Alter: alle Altersgruppen

Dauer: 5–10 Minuten

Beschreibung: Das Blitzlicht ist eine spontane Meinungsäußerung in der Klasse,

*als Befindlichkeitsrunde ausgehend von Fragen wie z.B.:*
~ Wie geht es mir jetzt?
~ Worüber ärgere ich mich gerade?
~ Was erwarte ich von dieser Stunde?

*als thematischer Einstieg:*
~ Was fällt mir zu dem Thema spontan ein?
~ Welche Einstellung habe ich dazu?

Jeder, der will, äußert sich zu diesen Fragen. Er darf nicht unterbrochen oder verhört werden. Verständnisfragen sind zugelassen.

Hinweis: Das Blitzlicht kann in den unterschiedlichsten Situationen eingesetzt werden.
Es ist besonders sinnvoll, wenn Langeweile aufzukommen droht.

## Presseschau

Eignung: Fördert das Selbstverständnis und die Wahrnehmung der anderen
Alter: ab ca. 10 Jahre
Dauer: 45 Minuten
Beschreibung: Die Sch. spielen Redakteure in eigener Sache. Sie stellen sich auf dem Titelblatt einer Zeitung vor. Es kann etwa lauten: »Neues und Altes von Peter Müller« oder »Patricia Schmidt kommt in die 5. Klasse«. Auf dieser Titelseite ist für vieles Platz: Foto oder selbst gemachtes Portrait, Lebenslauf, Nachrichten über die Familie, Hobbys, Erwartungen an Schule und Klasse.
Die fertigen Titelseiten werden aufgehängt und von allen betrachtet.
Hinweis: Die Zeitungsseiten könnten in einer Mappe gesammelt und so allen zugänglich bleiben.

## Partnerinterview

| | |
|---|---|
| **Eignung:** | Gegenseitiges Kennenlernen |
| | Fremd- und Selbstdarstellung |
| **Alter:** | ab 12 Jahre |
| **Dauer:** | 45 Minuten |
| **Beschreibung:** | Jeder sucht sich einen Partner, den er noch nicht gut kennt. Die Paare sollen sich ca. 20 Minuten zusammensetzen. Während dieser Zeit interviewen sich die Partner gegenseitig. Nach Ablauf der Zeit kommen alle Paare wieder zusammen und jeder Teilnehmer stellt der Gruppe seinen Partner vor. |
| **Variante:** | Die Interviews werden ertragreicher, wenn man den Sch. Stichworte oder Fragen in die Hand gibt. Z.B.: Name (Spitzname)/Alter/Familie/bisheriger Lebenslauf/Welche Musik hörst du gerne?/Wo möchtest du am liebsten leben?/Was nervt dich am meisten?/Wo möchtest du am liebsten leben?/Was hältst du für das Überflüssigste auf der Welt?/Deine positiven bzw. negativen Eigenschaften?/Erwartungen an die Klasse bzw. die L.? |
| **Hinweise:** | Im Plenum sind Nachfragen möglich. Es wäre gut, wenn die Lehrperson am Spiel teilnehmen würde. Beispiel: Ich mache mir ein Bild von dir! |

## Radiointerview

| | |
|---|---|
| **Eignung:** | Die Sch. lernen sich auf spielerische Weise kennen |
| | Erwartungen und Befürchtungen werden formuliert |
| **Alter:** | ab 14 Jahre |
| **Dauer:** | 90 Minuten |
| **Beschreibung:** | Ein Radiosender schreibt einen Interview-Wettbewerb aus. Es geht darum, in möglichst origineller Weise Menschen vorzustellen und einem Publikum zu |

## Ich mache mir ein Bild von dir!

1. Beschreibe dich mit fünf Eigenschaften!

2. Welche Schlagzeile würde heute über dich
   in der Zeitung stehen?

3. Was bringt dich auf die Palme?

4. Was würde dich am meisten freuen?

5. Bei wem würdest du gerne in der Mülltonne
   wühlen; was glaubst du zu finden?

6. Wem würdest du gerne mal so richtig die Meinung
   sagen und warum?

7. Was hast du in deinem Leben am meisten bereut?

8. Was hast du gedacht, als du die Leute in dieser
   Klasse das erste Mal gesehen hast?

9. Bei welcher Musik könntest du abheben?

10. Was möchtest du noch von dir erzählen?

präsentieren. In einer vorgegebenen Zeit (etwa 2 Minuten) sollen wichtige Informationen über einen Menschen weitergegeben werden. Nach Ablauf der Vorbereitungsphase – in Partnerarbeit – beginnt die »Sendung«. Das Publikum kann die Beiträge durch Applaus unterstützen.

| | |
|---|---|
| Hinweis: | Die Lehrerin oder der Lehrer als Moderator – hier kann sich ein geheimer Traum erfüllen. |
| Variante: | Die Methode eignet sich auch gut als Wiedereinstieg in den Schulalltag nach den Ferien. |

## Mein rechter Platz ist leer

| | |
|---|---|
| Eignung: | Fördert die Kommunikation und das Vertrautwerden Genaues Beobachten und Hinhören werden eingeübt |
| Alter: | 6–10 Jahre |
| Dauer: | ca. 15 Minuten |
| Beschreibung: | Alle sitzen im Kreis. Der rechte Platz neben dem Lehrer oder der Lehrerin ist leer. Er/sie sagt: »Mein rechter Platz ist leer. Ich wünsche mir den ... her.« Dabei wird kein Name genannt. Die Person wird genau beschrieben (Kleidung, Haarfarbe u.a.). Das Kind, das sich aufgrund der Beschreibung erkannt hat, steht auf und setzt sich auf den freien Stuhl. Es stellt sich mit seinem Vornamen vor. Das Kind, dessen rechter Platz nun leer ist, setzt das Spiel fort. |
| Hinweis: | Die zu beschreibende Person sollte nach Möglichkeit nicht angeschaut werden. Die anderen Sch. dürfen, wenn sie den beschriebenen Mitschüler erkannt haben, nichts sagen. |
| Variante: | • Nicht die Kleidung, sondern die Körperhaltung oder die Mimik werden beschrieben. |

# Visitenkarten

| | |
|---|---|
| **Eignung:** | Sich unbekannte Personen einprägen |
| | In Kontakt treten |
| **Alter:** | 6–10 Jahre |
| **Dauer:** | 45 Minuten |
| **Beschreibung:** | Die Sch. gestalten Visitenkarten, die etwas über sie aussagen (Symbole, Unterschrift, Hobby). Alle gehen im Kreis. Auf ein Kommando (Gong, Musik abstellen), stellt sich jeder einem Mitschüler/einer Mitschülerin vor und hinterlässt seine Visitenkarte. Dabei ist es wichtig, sich den Besitzer der Visitenkarte einzuprägen. Haben alle ihre Visitenkarten ausgetauscht, verläuft das Spiel umgekehrt. Jeder muss die erhaltenen Visitenkarten wieder an die richtigen Personen zurückgeben. |
| **Hinweis:** | Im Anschluss an das Spiel können Nachfragen zur Person das Erfahrene ergänzen. |
| **Variante:** | Alle Sch. entwerfen eine lustige Visitenkarte über die eigene Person. Die fertigen Karten werden in einem Korb gesammelt. Sie werden einzeln gezogen und vorgelesen. Die beschriebene Person muss erraten werden. Oder: Jeder zieht eine Karte aus dem Korb und muss sich auf die Suche nach dem Beschriebenen machen. |

# Rollenspiele

Das Rollenspiel kommt aus dem Umfeld der Commedia dell'arte – dem Stegreiftheater. Es bietet die Möglichkeit, Handeln zu trainieren, sich selbst besser zu erfahren, einen Gegenpart besser zu begreifen und die eigene Position dazu zu finden.

Rollenspiel, das bedeutet vor allem:

- Lust, sich darzustellen und auszuspielen,
- Spaß an Bewegung, Mimik, Gestik und Sprache,
- Interesse, sich auf Situationen und Problemlösungen einzulassen,
- Interesse, in eine Rolle zu schlüpfen.

Somit bietet das Rollenspiel die Chance, sich spielerisch mit Problem- und Lebenssituationen auseinanderzusetzen.

## In der Eisenbahn

| | |
|---|---|
| Eignung: | Einüben in das Rollenspiel |
| | Spontan Szenen und Dialoge sprechen |
| Alter: | ab ca. 14 Jahre |
| Dauer: | 20 Minuten |
| Beschreibung: | Stühle werden zu einem »Eisenbahnwagon« zusammengestellt. Der Zug fährt von Station zu Station. Menschen steigen ein und aus, die Personen wechseln. Wer mitspielen will, denkt sich eine Rolle aus und setzt sich dazu. So entstehen immer wieder neue Szenen. |
| Variante: | Es gibt Rollenkarten mit Personenbeschreibungen. Vor dem Einsteigen zieht jeder Spieler eine Karte. |

# Programmiertes Konfliktrollenspiel

| | |
|---|---|
| **Eignung:** | Darstellung und spielerische Aufarbeitung eines Konfliktes |
| **Alter:** | ab 13 Jahre |
| **Dauer:** | nach Möglichkeit 2 Unterrichtsstunden |
| **Beschreibung:** | Es wird ein Konflikt vorgegeben und die handelnden Personen werden kurz charakterisiert. Die Rollen werden verteilt. |

Die Spieler erhalten Zusatzinformationen und suchen sich jeweils 1– 2 Berater, mit denen sie die Rolle durchsprechen.

Die übrigen Teilnehmer erhalten Beobachtungsaufgaben für einzelne Spieler und das gesamte Rollenspiel. Die Szene wird gespielt und anschließend berichten die Beobachter über ihre Eindrücke.

**Variante:**

- Die Sch. können selbst gemeinsam eine Szene entwerfen. Die Zusatzinformationen werden dann in den Kleingruppen festgelegt.

- Nach einer Diskussionrunde über den Spielverlauf kann die Szene nochmals (evtl. mit neuer Besetzung) gespielt werden. Sie wird mit Sicherheit einen neuen Verlauf nehmen. Dabei sollten die Anregungen aus dem Gespräch in den Spielverlauf mit einbezogen werden.

**Beispiel:**    Familie Müller sitzt beim Abendessen. Vater (44), Mutter (40), Hans (15), Sabine (17). Der Vater ist arbeitslos und versucht, seine Probleme mit Alkohol zu bewältigen. Die Mutter versorgt die Familie und geht nebenbei täglich 2 Stunden putzen. Hans hat Probleme in der Schule. Er ist ein Außenseiter, der wegen seines Gewichtes ständig gehänselt wird. Sabine will am Abend in die Disco.

Zusatzinformationen für die einzelnen Spieler:

Vater: ist verzweifelt, weil er keine Arbeit findet. Er fühlt sich als der »letzte Dreck« und hat keine Hoffnung für die Zukunft. Gelegentlich wird er gewalttätig und brüllt seine Familie an.

Mutter: Es fällt ihr immer schwerer, mit den Problemen der Familie fertig zu werden. Sie ist die Anlaufstelle für alle Familienmitglieder und versucht, bei Streit zu schlichten. Sie weiß von Sabine, dass diese einen Freund hat, der dem Vater aber nicht gefällt. Mit ihrem Mann hat sie große Beziehungsprobleme. Der Geschäftsführer eines Supermarktes hat sie heute angerufen und sie darüber informiert, dass Hans beim Stehlen erwischt wurde.

Hans: Er ist seit kurzem in einer Bande, die abends herumzieht und durch gewalttätige Aktionen auffällt. Vor einigen Tagen wurde er beim Ladendiebstahl erwischt.

Sabine ist seit ein paar Wochen heftig in Mark (19) verliebt. Sie möchte ihn heute Abend in der Disco treffen.

# Die Talkshow

| | |
|---|---|
| Eignung: | Spielerische Auseinandersetzung und Aufarbeitung eines Themas |
| Alter: | ab 14 Jahre |
| Dauer: | 4-6 Unterrichtsstunden |
| Beschreibung: | Täglich werden im Fernsehen eine Vielzahl von Talkshows ausgestrahlt. Fast alle laufen nach dem gleichen Muster ab: Der Moderator unterhält sich mit Talkgästen über ein vorgegebenes Thema. Häufig handelt es sich um sehr banale Gesprächsstoffe (»Jeder Hund beißt mich.«, »Ich bin der Größte!«), gelegentlich geht es auch um sehr existentielle Erfahrungen (»Ich habe Angst vor dem Tod«, »Ich sehe keinen Sinn mehr im Leben«). Ein Experte steht als Ratgeber zur Verfügung. Das Publikum hat in den meisten Sendungen lediglich die Aufgabe, in entsprechenden Situationen zu klatschen, zu pfeifen oder das Gesagte zu kommentieren. Vor der Sendung wird es von einem Einheizer auf die Sendung eingestimmt. Eine Show, die vor allem der Unterhaltung dient, gelegentlich auch zur Wissenserweiterung und Aufklärung beiträgt. |

Die Methode lässt sich als Rollenspiel gut im Religionsunterricht einsetzen.

- Nachdem das Thema feststeht, werden die verschiedenen Rollen festgelegt und verteilt (Talkmaster, Talkgäste, Anheizer und Experte).
- In Kleingruppen werden die Rollen und die mit ihr verbundenen Umstände und Lebenserfahrungen festgelegt.
- Der Talkmaster geht von Gruppe zu Gruppe und sammelt die Informationen, die er als Leiter der Sendung braucht. Er ist der einzige Teilnehmer der Show, der über alles Bescheid weiß.

- Eine Gruppe sorgt für die Rahmenbedingungen (In welchem Raum wird gespielt? Welche Klassen werden als Publikum eingeladen? Wie wird der Raum gestaltet? Welche Requisiten werden benötigt?)
- Ein Regisseur kann die Produktion koordinieren und die Kommunikation zwischen den Vorbereitungsgruppen herstellen.
- Vor der endgültigen Aufführung wird der Ablauf der Talkshow in einer Art Drehbuch festgelegt.
- Die Talkshow kann beginnen ...

Hinweis:
- Ein zeitlicher Rahmen (etwa 45 Minuten) sollte vor der Aufführung festgelegt werden.
  Noch spannender wird das Rollenspiel, wenn die Talkshow mit einer Kamera aufgezeichnet und so eine Studioatmosphäre erzeugt wird.
- Es ist sinnvoll, vor dem Einsatz der Methode das Phänomen der Talkshows im Unterricht zu behandeln. Dazu können Sendungen aufgezeichnet und unter verschiedenen Gesichtspunkten besprochen werden (Geht es dabei um Schicksalsvermarktung, Anteilnahme, Seelsorge, Lebenshilfe oder ist alles nur eine Unterhaltungsshow? Warum verhandeln Menschen öffentlich ihr Leben und die intimsten Probleme? Warum sehen sich Menschen diese Sendungen an?).

Zur Vorbereitung einer Talkshow kann das folgende Arbeitsblatt hilfreich sein:

# Rollenspiel: Talkshow

Thema:

Talkgäste:

1. Name:
   Was ist typisch für ihn/sie?
   Argumente:
   Charakter/Verhalten:

2. Name:
   Was ist typisch für ihn/sie?
   Argumente:
   Charakter/Verhalten:

3. Name:
   Was ist typisch für ihn/sie?
   Argumente:
   Charakter/Verhalten:

4. Name:
   Was ist typisch für ihn/sie?
   Argumente:
   Charakter/Verhalten:

5. Name:
   Was ist typisch für ihn/sie?
   Argumente:
   Charakter/Verhalten:

**Moderator:**
Name:
Wie verhält er sich (Sprache, Bewegung)?

**Experte:**
Name:
Beruf:
Argumente:

**Publikum:**
Beobachtungsaufgaben:

# Darstellungsspiele

Ähnlich wie beim Rollenspiel spielen die Sch. bestimmte Rollen, diesmal aber vor einem Publikum und für ein Publikum. Dabei ist zu beachten, dass diese Situation anregend und hemmend wirken kann. Denn: Zuschauer reagieren auf das Vorgetragene mit Applaus, Lachen oder gar Buhrufen. Auch hierbei geht es nicht in erster Linie um Perfektion, sondern um Spaß am Spielen, der auf das Publikum übergreifen soll.

## 167  Forumtheater

| | |
|---|---|
| Eignung: | Spielerische Auseinandersetzung mit einem Konflikt und Suche nach Problemlösungen<br>Andere Rollen kennen lernen und sich selbst aus einer anderen Rolle sehen<br>Verhaltensalternativen ausprobieren |
| Alter: | ab 14 Jahre |
| Dauer: | ca. 4-5 Unterrichtsstunden plus Aufführung |
| Beschreibung: | ~ Die Sch. wählen ein Thema.<br>~ Eine Spielhandlung (ca. 15 Minuten) wird erfunden.<br>~ Die Rollen und Funktionen werden verteilt.<br>~ Proben der Spielszene<br>~ Aufführung mit Publikum<br>~ Die Szene wird ein zweites Mal gespielt. Dabei haben die Zuschauer die Möglichkeit, in die Spielhandlung einzugreifen, indem sie die Rolle eines Spielers übernehmen. So entsteht – wenn mehrere Personen vom Rollentausch Gebrauch machen – eine völlig neue Spielhandlung. |
| Hinweise: | Bei der Vorbereitung und Durchführung des Forumtheaters werden möglichst alle Sch. nach ihren Begabungen eingesetzt (Bühnenbild, Bühne, Vorhang, Musik, Licht, Moderator, Einladungen und Plakate, ...). So wird das Theater zu einem Projekt, bei dem die ganze Klasse mitwirken kann. |

# Stegreifspiel

| | |
|---|---|
| **Eignung:** | Spielerische Motivation und Anregung zur thematischen Auseinandersetzung |
| **Alter:** | ab 14 Jahre |
| **Dauer:** | ca. 15 Minuten |
| **Beschreibung:** | In einem Stegreifspiel wird eine Problemlage kurz angespielt, ohne eine Lösung zu bieten. Es dient als Diskussions- und Gesprächsgrundlage für eine intensivere Auseinandersetzung mit einem Thema. |
| | Die Darsteller erhalten einige Informationen über eine konkrete Situation, die sie nach ihrer eigenen Phantasie spielerisch gestalten sollen. (Z.B.: Ein Jugendlicher wird von anderen jungen Leuten gewaltsam bedroht./Der Vater verlangt von seiner Tochter, dass sie sonntags den Gottesdienst besuchen soll.) Die Darsteller können sich kurz beraten und absprechen, und das Spiel kann beginnen. |
| **Hinweis:** | Es geht beim Stegreifspiel nicht in erster Linie um die schauspielerische Leistung der Darsteller, sondern um die Thematik, die ausgedrückt wird. So steht im Anschluss an das Spiel nicht der Darsteller, sondern der Inhalt im Vordergrund. |

# Pantomime

| | |
|---|---|
| Eignung: | Förderung der mimischen Ausdruckskraft |
| | Überwindung von Hemmungen und Ängsten |
| Alter: | ab 12 Jahre |
| Dauer: | 45 Minuten |
| Beschreibung: | Gefühle, Erfahrungen, Stimmungen und Gedanken sollen mit Hilfe von Minen und Gebärden ausgedrückt werden. Dabei darf kein Wort gesprochen werden. Vielfältige spielerische Anregungen bieten besonders Gefühlswörter (Gelächter, Trauer, Ärger, Wut, Glück). |
| | Ein Gespräch über die Bedeutung der Gesten und der Mimik im Alltag und die Erfahrungen beim Spiel sollten die Übung abschließen. |
| Hinweis: | Zur Einübung in das pantomimische Spiel können zunächst ganz einfache Szenen aus dem Alltag (Im Bäckerladen, bei der Klassenarbeit, Zuspätkommen in die Schule, morgendliche Körperpflege) gespielt werden. |
| Variante: | Die Sch. schauen sich einen Film ohne Ton an und sammeln anschließend ihre Eindrücke. |

# Das Eindenkerspiel

**Eignung:** Sich in etwas hineindenken
Etwas nachempfinden, was ich selbst noch nicht erlebt habe

**Alter:** ab 12 Jahre

**Dauer:** 45 Minuten

**Beschreibung:** Zunächst wird eine Eindenkerübung durchgeführt: Jeder soll eine frei gewählte Rolle vorspielen. Mimik, Gestik und Sprache können eingesetzt werden. Die Gruppe soll überlegen und raten, in welche Rolle der jeweilige Spieler sich eingedacht hat (z.B. die Rolle eines Schiedsrichters, eines Lehrers, eines Marktschreiers). Wurde die Rolle erraten, wird überlegt, wie sich der Spieler in die Rolle hineingedacht hat. Der Spieler selbst berichtet über seine Erfahrungen.

Im zweiten Teil werden Kleingruppen gebildet. Jede Gruppe versucht, sich in eine Situation hineinzudenken und diese zu spielen. Beim Vorspiel in der Gesamtgruppe sollen alle die Spielsituation erraten und die einzelnen Rollen erkennen. Auch hier schließt ein Gespräch das Spiel ab.

**Hinweis:** Die vorzustellenden Situationen und Rollen sollten realistisch und vorstellbar sein (z.B. ein Unfallgeschehen; ein Streit, den jemand vergeblich zu schlichten sucht; eine Familienabend).

**Variante:** Die einzelnen Rollen und Situationen werden vorgegeben.

# Kommunikations- und Interaktionsspiele

Kommunikationsspiele sollen Kontaktschwierigkeiten, Ängste und Hemmungen abbauen, indem Beziehungen zueinander hergestellt und reflektiert werden. Es geht bei diesen Spielen nicht um die Bewertung einer Leistung, sondern um die Förderung von Beziehungen.

## Knotenspiel

| | |
|---|---|
| Eignung: | Das Spiel verdeutlicht die gegenseitige Abhängigkeit und fördert das Gemeinschaftsgefühl |
| | Es hilft, Angst und Scheu vor Körperkontakten abzubauen |
| Alter: | ab 12 Jahre |
| Dauer: | ca. 20 Minuten |
| Beschreibung: | 8–10 Teilnehmer stellen sich dicht nebeneinander im Kreis auf und strecken die Hände in die Mitte. Jeder Teilnehmer ergreift die Hand eines anderen. Dabei sollen nicht die Hand des Nachbarn oder beide Hände einer Person festgehalten werden. Nun kann es losgehen. Der Knoten soll gelöst werden. Dabei darf man keine Hand loslassen. Wenn der Knoten entwirrt ist, finden sich alle in einem großen Kreis wieder – manchmal auch in zwei ineinander verschlungenen. Das Knotenspiel kann gleichzeitig in mehreren Gruppen gespielt werden. |
| | Das Spiel und die damit verbundenen Erfahrungen sollten besprochen werden. Dabei können die folgenden Fragen eine Hilfe sein: |
| | Wie habe ich mich bei diesem Spiel gefühlt? |
| | Gab es Personen, die die Lösung der Aufgabe besonders beeinflusst haben? |
| | Hat sich während des Spieles so etwas wie ein Teamgeist entwickelt? |
| | Was habe ich bei diesem Spiel gelernt? |

| Varianten: | • Eine Gruppe verknotet sich, dann geben 1–2 Spieler von außen Anweisungen, um den Knoten aufzulösen. |
| | • Während des Spieles darf nicht gesprochen werden. |
| | • Es wird mit verbundenen oder verschlossenen Augen gespielt. |

## Vertrauensspiel I

| Eignung: | Hinterfragen der eigenen Vertrauenswürdigkeit |
| Alter: | ab 12 Jahre |
| Dauer: | 20 Minuten |
| Beschreibung: | Zwei Jugendliche bilden jeweils ein Team. Dann werden einer Person die Augen verbunden. Die Aufgabe der zweiten Person besteht darin, den Partner im Schulgebäude herumzuführen: durch die Gänge, Treppen auf und ab, auf dem Schulhof. Dann wechseln die Spieler die Rollen. In einer anschließenden Reflexion wird über das Spiel und das eigene Empfinden dabei gesprochen: Wie habe ich mich als Führer bzw. als Geführter gefühlt? In welcher Rolle fühlte ich mich wohler? Habe ich etwas über meinen Partner erfahren? |
| Hinweis: | Entweder wählen sich die Partner gegenseitig oder es wird ausgelost. |

## Vertrauensspiel II

| | |
|---|---|
| Eignung: | Fördert das Vertrauen in die Gruppe |
| Alter: | ab 12 Jahre |
| Dauer: | 15 Minuten |
| Beschreibung: | 8-10 Sch. stellen sich im Kreis auf. In der Mitte steht ein Mitschüler, dem man die Augen verbindet. Er dreht sich einige Male im Kreis, bis er die Orientierung verliert. Er wird aufgefordert, sich fallen zu lassen. Die Umstehenden fangen ihn auf. Dieses Drehen und Fallenlassen wird einige Male wiederholt. Nach mehreren Versuchen mit weiteren Personen wird darüber gesprochen, wie es die Einzelnen erlebt haben: Sich fallen lassen im Vertrauen darauf, aufgefangen zu werden. Gibt es ähnliche Situationen im täglichen Leben? |

## Ich schenke dir ein gutes Wort

| | |
|---|---|
| Eignung: | Ermutigung, die positiven Eigenschaften eines anderen wahrzunehmen |
| Alter: | ab 10 Jahre |
| Dauer: | ca. 20 Minuten |
| Beschreibung: | Alle Sch. erhalten etwa 5 Blätter, die sie mit einem guten Wort verschenken können. Dies können einzelne Wörter oder auch Sätze ( Ich mag an dir ...; Ich finde toll, dass ...) sein. |
| Hinweise: | Erfahrungsgemäß kann es problematisch werden, wenn einige Sch. keine Zettel erhalten. Daher sollten die Sch. ermuntert werden, besonders denen ein gutes Wort zu schenken, die sie sonst nicht beachten. Die Lehrperson sollte den Gruppenprozess genau beobachten. Eine anschließende Reflexion ist besonders wichtig. |

| Variante: | Allen Schülerinnen und Schülern werden Kartonkarten auf den Rücken geklebt, auf denen steht: – Ich kann .../Ich bin .../Ich habe ... Jeder erhält einen Stift. Alle gehen im Raum herum und können die Satzanfänge auf dem Rücken der anderen ergänzen. Dabei sollten nur positive Aussagen notiert werden. Die Sch. nehmen die Schilder von ihrem Rücken und können lesen, was die anderen von ihnen halten. Anschließend sollten in einem Gespräch das Spiel und die Aussagen reflektiert werden. |
|---|---|

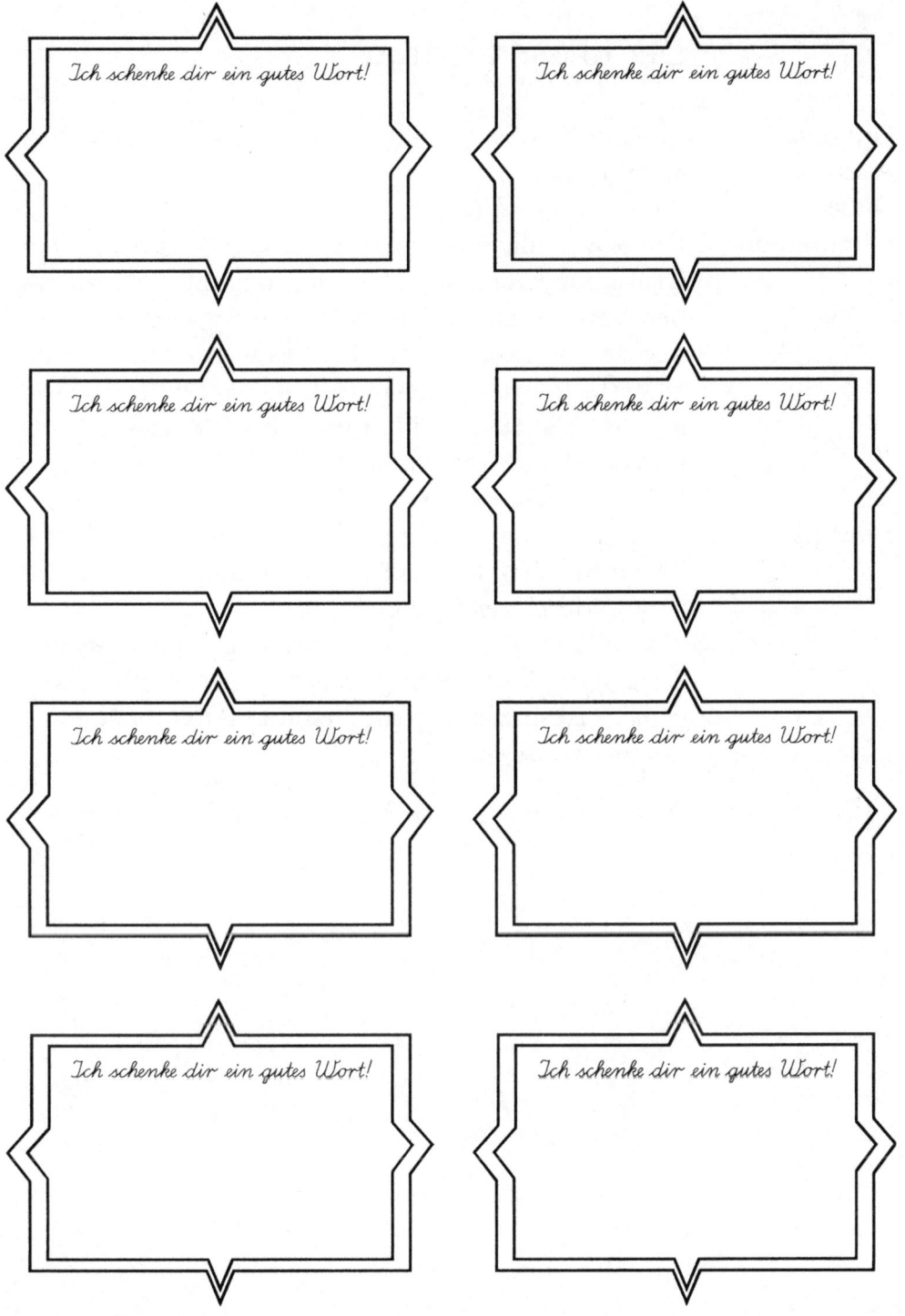

# Der Klassenvertrag

Eignung:        Einüben und Kontrollieren von sozialem Verhalten

Alter:            ab 10 Jahre

Dauer:          1 Unterrichtsstunde

Beschreibung:   Die Sch. schließen untereinander und mit den in der Klasse unterrichtenden Lehrerinnen und Lehrern einen Vertrag. Darin geht es um die Art und Weise, wie sie miteinander umgehen. Es werden in der Klasse Verhaltensregeln gesammelt und auf einem Plakat notiert. Alle Sch. und L. unterschreiben diesen Vertrag und bestätigen damit, dass sie sich an die vorgegebenen Regeln halten werden.

Hinweise:

~ Ist der Religionslehrer nicht Klassenlehrer, muss er sich mit dem Klassenlehrer und dem Klassenkollegium vorher verständigen.

~ Von Zeit zu Zeit wird der Vertrag wieder Gegenstand des Unterrichtsgespräches. Eventuell müssen dann Absprachen gestrichen und durch neue ergänzt werden.

**Beispiel:**

## Der Klassenvertrag

1. Ich höre zu, wenn andere sprechen.

2. Wir sind eine Gemeinschaft, in der keiner ausgeschlossen wird.

3. Wir sagen einander die Meinung offen und ehrlich

4. Auch Lehrer sind Menschen! Wir akzeptieren das.

5. Wir helfen uns gegenseitig.

6. Niemand wird ausgelacht.

7. Wenn mich etwas stört, sage ich es.

8. In der Diskussion versuche ich, fair zu bleiben.

9. Ich beleidige niemanden.

10.

11.

Unterschriften:

# Schaufenster stellen

| | |
|---|---|
| Eignung: | Einfühlungsvermögen einüben |
| Alter: | ab 14 Jahre |
| Dauer: | 15 Minuten |
| Beschreibung: | Bevor über ein Thema gesprochen wird, überlegen sich die Sch. in Kleingruppen verschiedene Szenen dazu. Die Szenen werden in einer Art »Schaufenster« dargestellt. Die darstellenden Personen sprechen nichts, sondern verharren in ihrer vorgegebenen Position. Die Gruppe erklärt die Szene, und das Publikum kann die Personen nach ihren Vorstellungen umstellen. Anschließend wird darüber gesprochen. *Ein Beispiel:* Ein Jugendlicher wird beim Ladendiebstahl erwischt und von der Polizei nach Hause gebracht. Im Schaufenster stehen: Vater, Mutter, Polizisten, Geschwister. Es kann nun phantasiert werden, wie die Szene ablaufen könnte. |
| Hinweis: | Da eine solche »Schaufensterausstellung« sicher auch heitere Phasen hat, sollten die Sch. auf die Ernsthaftigkeit der Darstellung vorbereitet sein. |
| Variante: | Die Dekorateure wählen Personen aus der Klasse und stellen sie als Puppen ins Schaufenster. |

# Skulpturen bauen

Eignung: Fördert das genaue Hinschauen und Einfühlen in Situationen und Gefühle
Alter: ab 12 Jahre
Dauer: ca. 45 Minuten
Beschreibung: Freiwillige lassen sich von ihren Mitschülern wie Gummipuppen formen. Der ganze Körper kann bewegt werden. Durch die Art der Darstellung lässt sich nicht nur eine einzelne Person (Gestik, Mimik, Körperhaltung), sondern auch die Beziehung untereinander (einander ab- bzw. zugewandt) sehr schön ausdrücken. Das Geschehene wird durch das Verweilen mit anderen Augen betrachtet. Auf diese Art und Weise können Konflikte gut reflektiert und aufgearbeitet werden.
Hinweis:
- Im Schulalltag spielen Beziehungen und Begegnungen eine große Rolle. Häufig läuft das alles zu schnell ab. Dabei lohnt es sich, einzelne Szenen aus dem Alltag genauer zu betrachten. Zu diesem Zweck werden Skulpturen aufgebaut.
- Bei der Reflexion ist es wichtig, nachzuspüren, wie es den Künstlern und den Skulpturen ergangen ist.
Variante: Mit Hilfe von Skulpturen lassen sich besonders gut Gefühle ausdrücken. So kann die Klasse in mehrere Gruppen aufgeteilt werden. Jede hat die Aufgabe, ein vorgegebenes Gefühlswort körperlich auszudrücken. Auch Geschichten lassen sich durch diese Methode gut veranschaulichen.

# Telefonieren

| | |
|---|---|
| Eignung: | Miteinander reden |
| | Neue Gesprächsstoffe finden und entfalten |
| | Mit den Gedanken spielen und Phantasie entwickeln |
| Alter: | ab 10 Jahre |
| Dauer: | ca. 30 Minuten |
| Beschreibung: | Alle Sch. erhalten eine Telefonnummer. Der Lehrer oder die Lehrerin ruft zwei Nummern auf. Die Teilnehmer beginnen ein Gespräch über ein festgesetztes (bzw. beliebiges) Thema. Nach einiger Zeit ruft der Lehrer oder die Lehrerin zwei neue Nummern. Diese setzen das angefangene Gespräch fort. |
| Hinweis: | Das Spiel bietet die gute Möglichkeit, Sch., die sonst wenig miteinander reden (oder sogar Streit haben), miteinander ins Gespräch zu bringen. |
| Variante: | Es wird eine Geschichte begonnen, die dann weitererzählt wird und einen ganz spannenden Verlauf nehmen kann. |

# Eine erhebende Übung

| | |
|---|---|
| Eignung: | Gemeinschaftlich eine Aufgabe lösen |
| Alter: | ab 14 Jahre |
| Dauer: | 15 Minuten |
| Beschreibung: | Zwei Sch. setzen sich Rücken an Rücken und haken die Arme ein. Dann versuchen sie aufzustehen. Dabei verlagern sie das Gewicht auf die andere Person. Das richtige Gleichgewicht muss gefunden werden. Wenn beide die Übung geschafft haben, kommt eine dritte Person dazu. Wieder versuchen sie aufzustehen. Es kommen immer neue Spieler dazu. Je mehr es werden, umso schwieriger wird es, sich aufzustellen. Dabei sind Absprachen notwendig, um den richtigen Zeitpunkt herauszufinden, wann alle aufstehen. Über die Erfahrungen sollte gesprochen werden. (Wie habe ich mich gefühlt? Hatte ich Angst? Wie habe ich die anderen Teilnehmer erlebt?) |
| Hinweis: | Vor Beginn des Spieles sollte deutlich gemacht werden, dass es sich hierbei um keine sportliche oder gar akrobatische Übung handelt, sondern um eine Kommunikationsübung. |
| Variante: | • Die Sch. sind während des Spieles still.<br>• Ein Außenstehender gibt Anweisungen.<br>• Das Spiel kann in mehreren Gruppen gespielt werden. |

 180

# Netze knüpfen

| | |
|---|---|
| **Eignung:** | Kontakte knüpfen |
| | Wunsch und Dank aussprechen |
| **Alter:** | ab 10 Jahre |
| **Dauer:** | 30 Minuten |
| **Beschreibung:** | Ein Spiel, das zum Beispiel vor Ferienbeginn oder am Ende eines Schuljahres gespielt werden kann. |

Die Sch. sitzen im Kreis. Ein Schüler hat ein Wollknäuel in der Hand. Er wirft es einem Mitschüler zu. Er gibt ihm einen Wunsch mit für die kommenden Wochen oder bedankt sich für etwas. Der wirft das Knäuel weiter und verbindet damit ebenfalls einen Wunsch und/oder Dank. Nach und nach entsteht ein Netz.

**Hinweis:**

- Erfahrungsgemäß ist es nicht sinnvoll, vor den Ferien negative Erfahrungen mit Hilfe dieses Spieles aufzuarbeiten. Die Botschaften sollten positiv und aufbauend formuliert sein.
- Die Übung bietet zu Beginn eines neuen Schuljahres eine gute Einstiegsmöglichkeit.
- Die Sch. können dazu ermuntert werden, besonders mit Mitschülerinnen und Mitschülern in Kontakt zu treten, mit denen sie die letzte Zeit weniger zu tun hatten.

**Variante:**

- Am Schluss wird versucht, das Netz wieder zu entwirren, indem das Knäuel zur richtigen Person zurückgeworfen wird.
- Die Lehrperson hat einen Riesen-Luftballon mitgebracht, der am Ende der Übung in die Mitte geworfen wird. Die Netzknüpfer werfen den Ball durch gemeinsames Armheben und -senken immer wieder in die Höhe und hin und her.

# Diskussionsspiele

Es wird heute viel diskutiert. Oft sind es die Lauten und Dauerredner, die das Sagen haben. Das ist auch in der Schule so. Diskussionsspiele sollen helfen, sich in spielerischer Weise mit einem Thema, mit Argumenten und Argumentationstechniken auseinanderzusetzen.

## Der Innenkreis

Eignung: Lernen, sich an einem Gespräch zu beteiligen bzw. sich zurückzuziehen
Lernen, zuzuhören und zu antworten
Alter: ab 14 Jahre
Dauer: ca. 30 Minuten
Beschreibung: Die Klasse teilt sich in zwei Gruppen. Sie bilden einen inneren und einen äußeren Kreis. Im inneren Kreis sitzen etwa 8 Personen, die über ein Thema diskutieren. Wenn ein Teilnehmer aussteigen will, steht er auf und setzt sich nach außen. Nun kann ein Teilnehmer aus dem äußeren Kreis seinen Platz übernehmen und mitdiskutieren. Auf diese Weise wechselt die Diskussionsrunde ständig.
Variante: Ein Stuhl im Innenkreis bleibt grundsätzlich leer. Wenn jemand aus dem äußeren Kreis diesen Stuhl besetzt, muss ein Diskussionspartner aussteigen.

## Gewinnen und Verlieren

Eignung: Fördert die Fähigkeit zur Argumentation und zur Konfliktlösung
Alter: ab 13 Jahre
Dauer: 45 Minuten

| | |
|---|---|
| Beschreibung: | Ausgangslage ist ein Konflikt, der diskutiert und entschieden werden muss.<br>*Beispiel:* Vier Schiffbrüchige sitzen in einem Rettungsboot. Es droht unterzugehen, weil die Last zu schwer ist. Eine Person muss das Boot verlassen. Jeder muss die anderen davon zu überzeugen versuchen, dass gerade er das Opfer nicht auf sich nehmen kann. |

**Beobachtungsaufgaben:**
~ Welche Argumente zur eigenen Rettung führen die einzelnen Personen an?
~ Wie wird versucht, die anderen zu überzeugen: durch aggressives Reden – durch Drohungen – durch Erregung von Mitleid ?

| | |
|---|---|
| Variante: | »Es fehlt ein Stuhl«.: Im Wartezimmer eines Arztes steht nur ein Stuhl, auf dem ein Patient sitzt. Ein anderer Patient kommt herein und will unbedingt auf diesem Stuhl sitzen. |

# Zwei Stühle

| | |
|---|---|
| Eignung: | Genaues Hinhören und Wahrnehmen von Argumenten<br>Sich einlassen auf andere Standpunkte |
| Alter: | ab 12 Jahre |
| Dauer: | 15 Minuten |
| Beschreibung: | Zwei Stühle werden gegenüber aufgestellt, ein Pro- und ein Contra-Stuhl. Es wird festgelegt, um welches Thema es geht. Nacheinander können die Sch. auf den Stühlen ihrer Wahl Platz nehmen und ein Argument dafür oder/und dagegen nennen:<br>»Dafür spricht ...«, »Ich bin dafür, dass ...«, »Gefallen hat mir ...«« Dagegen spricht ...«, »Ich bin dagegen, dass ...«, »Nicht gefallen hat mir ...«. |

Dabei ist wichtig, dass immer nur eine Person spricht. Einzelne Sch. haben die Aufgabe, die genannten Argumente zu notieren. Anschließend können diese wiederholt und diskutiert werden.

**Hinweis:** Dieses Diskussionsspiel verlangt viel Disziplin. Deshalb sollte vorher darauf hingewiesen werden, dass beim Ablauf die zuschauenden Sch. sich ruhig verhalten. Es können evtl. Beobachtungsaufgaben vergeben werden.

**Variante:** Auf die zwei Stühle setzt sich jeweils eine Person, die dann mit dem Gegenüber diskutiert (pro und contra). Wenn einer keine Lust mehr verspürt, steht er auf, dann kann ein anderer den Platz einnehmen und weiterdiskutieren. Die Mitschüler hören zu und haben die Möglichkeit, sich bei entsprechender Gelegenheit einzuschalten.

# Werkstattberichte

**Eignung:** Hilft bei der Sammlung von Informationen
**Alter:** ab 14 Jahre
**Dauer:** etwa 2 Unterrichtsstunden
**Beschreibung:** Ein Thema wird in verschiedenen Gruppen unter Teilaspekten diskutiert. In den Kleingruppen werden die unterschiedlichen Positionen auf einem Plakat notiert. Die Ergebnisse werden in der gesamten Klasse vorgestellt und weiter diskutiert.

*Beispiel:* Sollten Drogen legalisiert werden. Die Fragestellung wird aus der Sicht der Politiker, der Juristen, der Konsumenten, der Polizei, der Drogenberatung u.a. diskutiert.

**Hinweis:** Die Sch. sollten nach Möglichkeit selbstständig in den Gruppen arbeiten. Der Lehrer oder die Lehrerin steht zur Beratung bereit.

**Variante:** Die einzelnen Teilaspekte werden jeweils in einer Stunde ausführlich vorgestellt und besprochen.

# Der heiße Stuhl

| | |
|---|---|
| **Eignung:** | Fördert die intensive Auseinandersetzung mit einem Thema |
| **Alter:** | ab 14 Jahre |
| **Dauer:** | 45 Minuten |
| **Beschreibung:** | Bei dieser spielerischen Methode sind einige Vorbereitungen notwendig. Zunächst muss sich ein Schüler oder eine Schülerin finden, der/die bereit ist, sich auf den »heißen Stuhl« zu setzen, um eine provokante These zu vertreten (Gott ist eine Erfindung der Menschen. – Nur wer unehrlich und egoistisch ist, bringt es in seinem Leben weit. – Jesus wollte nicht, dass Priester zölibatär leben.). Er bereitet sich mit Hilfe einiger Mitschüler auf das Thema vor. Der Rest der Klasse sammelt in Kleingruppen Argumente gegen die aufgestellte Behauptung. Ein weiterer Schüler oder eine Schülerin übernimmt die Moderation. Zunächst bekommt der Provokateur die Gelegenheit, seine Meinung vorzutragen, anschließend beginnt die Diskussion, die unter Umständen sehr heftig ablaufen kann. |
| **Hinweis:** | • Beobachter machen sich während der Diskussion Notizen, die sie anschließend für die ganze Klasse zusammenstellen (Kopien, Plakate). |
| | • Der Gesprächsleiter sollte sich gut auf seine wichtige Aufgabe vorbereiten (Fragen vorformulieren, Einführung, Diskussionsregeln). |
| **Variante:** | Es können mehrere »heiße Stühle« aufgestellt werden. |

 **Kugellager**

| | |
|---|---|
| Eignung: | Strukturierter Erfahrungsaustausch |
| Alter: | ab 14 Jahre |
| Dauer: | ca. 30 Minuten |
| Beschreibung: | Es werden zwei Gruppen gebildet. Die eine Hälfte setzt sich in den Außenkreis mit dem Gesicht in Richtung Kreismitte, die andere Hälfte sitzt im Innenkreis und schaut nach außen. Es sitzen sich somit immer zwei Teilnehmer gegenüber. Zu einem vereinbarten Thema sprechen alle Paare gleichzeitig etwa 5 Minuten. Dann rutscht der Außenkreis um eine Person nach rechts. Wieder wird fünf Minuten miteinander zu dem Thema gesprochen und wieder bewegt sich der Kreis. So können in kurzer Zeit intensive Gespräche mit unterschiedlichen Personen geführt werden. |
| Hinweis: | Für dieses Spiel wird eine gerade Anzahl von Teilnehmern benötigt. Wenn es nicht aufgeht, spielt die Lehrperson mit. |

# Planspiele

Planspiele eignen sich besonders gut, die Abhängigkeit und den Einfluss von Gruppen und Institutionen erkennen zu lassen und die Konfliktsituationen der Alltagswelt im Spiel zu erleben.

## Planspiel

Eignung: Einblick nehmen in gesellschaftliche Prozesse und Zusammenhänge; Lernen durch reflektierte Interaktion; differenzierte Kenntnisse gesellschaftlicher Strukturen werden vermittelt

Alter: ab 14 Jahre

Dauer: mindestens 2 Unterrichtsstunden (einschließlich der Vorbereitung: 4-8 Stunden)

Beschreibung: Zur Struktur eines Planspieles gehören die thematische Vorbereitung, die Durchführung und die Nachbereitung. Am Beginn steht ein Konfliktfall, der in einer Ausgangslage beschrieben ist. Dieser Fall soll von mehreren Gruppen durchgespielt werden. Dies geschieht vor allem durch Zusenden von Briefen. Diese werden über den Spielleiter verteilt. Dabei dokumentiert er den Ablauf des Geschehens. Neben der schriftlichen Form kann es auch Konferenzen und Besprechungen geben. Am Ende des Planspiels werden die dokumentierten Handlungsabläufe und deren Zusammenhänge geklärt und reflektiert.

**Regeln für das Planspiel:**
1. An der Spielhandlung beteiligt sind die Spielgruppen und der Spielleiter.
2. Jede Gruppe erhält zu Beginn die Beschreibung der Ausgangslage (Falldarstellung, Rolle).

3. Alle Entscheidungen (Uhrzeit, Absender, Adressat) werden auf Formulare (mit zwei Durchschlägen) notiert.
4. Die Gruppen kommunizieren schriftlich miteinander.
5. Es gibt eine Zentrale, bei der die Briefe abgegeben und abgeholt werden. Auch die mündlichen Kontakte zwischen den Gruppen müssen hier angemeldet werden. Die Spielleitung kann (je nach Situation) während des Spiels weitere Informationen geben.
6. Der Leiter der Zentralstelle notiert die genaue Uhrzeit der Begegnungen.
7. Am Schluss des Planspiels wird über den Verlauf und das Ergebnis gesprochen.
8. In der Reflexionsphase erklären die einzelnen Gruppen ihre Vorgehensweise.

Hinweis:
- Die Teilnehmer müssen genau über die Problemstellung und die beteiligten Personen und Gruppen informiert sein. Dazu könnten z.B. Fachleute in den Unterricht eingeladen oder Erkundungen unternommen werden. Auch ein fächerübergreifender Ansatz ist sinnvoll.
- Der Konfliktfall muss in seiner Ausgangslage so angelegt sein, dass er Handlungen und Reaktionen herausfordert.
- Es ist sinnvoll, wenn die Lehrperson die Koordination übernimmt.
- Das Thema sollte aktuell und auf die Situation der Jugendlichen abgestimmt sein.
- Die Dauer eines Planspiels hängt von der Thematik ab. Dabei ist es nicht unbedingt notwendig, den gesamten Konflikt von Anfang bis Ende durchzuspielen.

Variante:
Das Planspiel steht am Ende einer intensiven unterrichtlichen Beschäftigung mit einem Thema.

## Beispiel: Ein Drogenproblem in der Schule

*Situation:* Verstärkt gibt es Hinweise, dass in der Schule mit Drogen gehandelt wird. Verschiedene Gruppierungen in der Schule machen sich Gedanken zur Problematik und kommen miteinander ins Gespräch, um auf die Situation zu reagieren.

*Vorbereitung:* Die Sch. haben im Vorfeld Fragen gesammelt, die für die Durchführung des Planspiels von Bedeutung sind. Ein Drogenberater und ein Polizeibeamter werden in den Unterricht eingeladen und befragt.

*Durchführung:* Die folgenden Personen, Einrichtungen und Gruppierungen sind am Planspiel beteiligt.
1. Schulleiter
2. Schülervertretung und Verbindungslehrer
3. Drogenberater
4. Elternvertretung
5. Der Jugendbeauftragte der Polizei
6. Lehrerkollegium
Allen Gruppen liegt ein kurzer Brief des Schulleiters vor.

»Sehr geehrte Damen und Herren, liebe Schülerinnen und Schüler, es gibt in unserer Schule Hinweise darauf, dass Schüler mit Drogen handeln und diese konsumieren. Ich möchte Sie bitten, dass wir uns gemeinsam auf den Weg machen, um dieses Problem zu lösen. Für Vorschläge bin ich Ihnen dankbar.«

# Ratespiele

Viele Sch. haben Probleme, einen behandelten Stoff zu lernen. Die Ratespiele (Kreuzworträtsel, Quiz, Lückentexte) bieten eine gute spielerische Möglichkeit, Themen zu lernen und sich gemeinsam auf eine Klassenarbeit vorzubereiten.

## Frage-Antwort

Eignung:            Auf spielerische Weise wird ein erlernter Stoff wiederholt

Alter:              ab 8 Jahre

Dauer:              ca. 15 Minuten

Beschreibung:       Die Sch. schreiben auf Kärtchen Fragen zum behandelten Thema. Die Antworten stehen auf der Rückseite. Ein Schüler oder eine Schülerin fragt. Wer die Antwort weiß, bekommt das Kärtchen und darf selbst weiterfragen.

Variante:           Die Fragekarten werden alle eingesammelt. Der Fragende darf sich eine Karte ziehen.

# Kreuzworträtsel

| | |
|---|---|
| Eignung: | Auf spielerische Weise werden Schlüsselbegriffe gesucht |
| Alter: | ab 8 Jahre |
| Dauer: | ca. 15 Minuten |
| Beschreibung: | In einem Buchstabenfeld werden Begriffe zu einem bestimmten Thema versteckt. Dies kann waagerecht, senkrecht oder diagonal geschehen. Die versteckten Begriffe sollen von den Schülerinnen und Schülern herausgefunden werden. |
| Variante: | Die Sch. erhalten eine leere Vorlage und erstellen selbst ein Kreuzworträtsel. Anschließend werden diese ausgetauscht und jeder macht sich auf die Suche nach der Lösung. |

# KREUZWORTRÄTSEL

In dem Kreuzworträtsel sind 5 Begriffe versteckt, die etwas mit dem Thema "Kirche" zu tun haben. Findest du sie?

| G | A | S | U | A | E | F | G | H |
|---|---|---|---|---|---|---|---|---|
| O | P | R | I | E | S | T | E | R |
| T | N | M | B | A | C | H | J | U |
| T | Q | F | I | Z | Ü | W | O | F |
| E | W | P | A | P | U | T | F | F |
| S | F | W | C | F | X | A | E | K |
| D | Z | F | H | J | Ö | H | F | M |
| I | F | A | L | T | A | R | I | R |
| E | A | S | D | F | S | H | R | F |
| N | F | G | U | T | Q | N | M | F |
| S | U | J | Z | R | W | F | U | F |
| T | S | D | D | C | V | B | N | F |
| F | D | E | U | T | W | Y | G | F |

# KREUZWORTRÄTSEL

In dem Kreuzworträtsel sind 5 Begriffe versteckt, die etwas mit dem Thema
"_____" zu tun haben. Findest du sie?

# Selbsterfahrungsspiele

Wer bin ich? Wie erlebe ich mich selbst: mit meinem Körper, mit meinen Gefühlen, in der Art und Weise, wie ich spreche und mich bewege? Selbsterfahrung bedeutet, sich den Spiegel vorzuhalten, ehrlich hineinzublicken und sich wahrzunehmen, wie man ist. Selbsterfahrungsspiele fördern die Suche nach der eigenen Identität. Da die Spiele unterschiedliche Wirkungen auslösen können, sollte die Lehrperson vorsichtig und angemessen damit umgehen. Das Wichtigste bei jeder Übung ist die anschließende Auswertung.

## Meinen Gefühlen auf der Spur

| | |
|---|---|
| Eignung: | Sich seiner Gefühle mit Hilfe des Körpers bewusst werden |
| Alter: | ab 14 Jahre |
| Dauer: | 45 Minuten |
| Beschreibung: | Es werden verschiedene Blätter vorbereitet mit Aufschriften wie: Ich langweile mich. Ich freue mich. Ich habe Angst. Ich bin wütend. Ich fühle mich stark ... Sie werden nacheinander hochgehalten. Die Sch. sollen in ihren Bewegungen oder ihrer Körperhaltung die Gefühle ausdrücken. Bei der anschließenden Reflexion können die folgenden Fragen hilfreich sein: Wie fuhle ich mich jetzt? Was hat mir Spaß gemacht? Was fiel mir schwer? |
| Hinweis: | Es sollte ein entsprechend großer Raum zur Verfügung stehen. Musik im Hintergrund kann die Übung unterstützen. |
| Variante: | ~ Auf verschiedenen Blättern sind Gefühlswörter (Angst, Freude, Resignation, Mut, Einsamkeit) notiert. Ein Blatt wird in die Mitte des Raumes gelegt. Die Sch. stellen oder setzen sich so nah oder so weit zu dem Begriff, wie sie sich im Moment fühlen. ~ Die Sch. spielen sich die Gefühle ohne Worte vor. |

# Körperlandkarte

| | |
|---|---|
| **Eignung:** | Wahrnehmen und Spüren des eigenen Körpers |
| **Alter:** | ab 15 Jahre |
| **Dauer:** | 60–80 Minuten |
| **Beschreibung:** | Die Sch. legen sich auf ein großes Stück Papier und lassen ihre Körperumrisse abmalen. |

Je nach Einschätzung werden die einzelnen Bereiche des Körpers mit verschiedenen Farben gekennzeichnet. Die folgenden Aussagen sollen dabei helfen:

1. Diesen Bereich des Körpers finde ich schön. Dazu habe ich ein positives Verhältnis.
2. Diesen Körperteil mag ich nicht, finde ich hässlich, lehne ich ab.
3. Dazu habe ich ein neutrales Verhältnis.

Die einzelnen Körperlandschaften werden vorgestellt. Die Mitschüler können nachfragen und ergänzen.

| | |
|---|---|
| **Hinweis:** | Besonders sensibel sollten L. mit Kindern und Jugendlichen umgehen, die eine Behinderung im körperlichen Bereich haben. |

Sinnvoll kann es sein, vor diese Übung eine Körperreise in Form einer Progressiven Muskelentspannung oder einer Phantasiereise zu stellen.

| | |
|---|---|
| **Variante:** | Die Sch. erhalten auf einem Arbeitsblatt einen vorgefertigten Körperumriss. |

# Wie ich durch die Welt gehe

| | |
|---|---|
| **Eignung:** | Bewusst werden, wie ich durch mein Leben gehe |
| **Alter:** | ab 16 Jahre |
| **Dauer:** | 45 Minuten |
| **Beschreibung:** | Die Sch. bewegen sich, ohne zu sprechen, im Raum. Der Lehrer oder die Lehrerin gibt Anweisungen, wie sie sich bewegen sollen: |

- gehen und auf den Boden schauen
- die anderen grüßen (ohne Worte)
- durch den Raum laufen
- sich ein Ziel suchen und darauf losrennen
- einen Partner (Augen geschlossen) durch den Raum führen
- auf der Stelle stehen
- einen Weg gehen, stehen bleiben und ihn zurückgehen
- einen Fuß vor den anderen setzen
- durch den Raum tanzen

Bei der Auswertung können folgende Fragen helfen: Wie habe ich mich und die anderen bei den einzelnen Übungen erlebt? Was kann ich auf mein Leben und den Alltag übertragen?

| | |
|---|---|
| Hinweis: | Im Hintergrund kann Musik laufen. Der Raum sollte genügend Bewegungsfreiheit bieten. |

## 193 Mein Wappen

| | |
|---|---|
| Eignung: | Auseinandersetzung mit der eigenen Lebenssituation |
| Alter: | ab 14 Jahre |
| Dauer: | 90 Minuten |
| Beschreibung: | Die Sch. haben die Aufgabe, ein eigenes Wappen herzustellen, das etwas über ihre Vergangenheit, die momentane Situation und die Zukunftsperspektiven aussagt. Dazu wird das Wappen in verschiedene Felder aufgeteilt, die mit Bildern ausgeschmückt werden. Selbst erfundene oder vorgefertigte Verzierungen können dem Wappen ein besonderes Gepräge geben. Nach der Einzelarbeit stellen die Sch. in der Klasse ihr Wappen vor und hängen es auf. |
| Hinweis: | Material: DIN A 3-Plakat, Stifte oder Wasserfarbe Zur Einführung werden verschiedene Wappen vorgestellt. |

# Schreibspiele

Das Schreiben gehört zu den geläufigen Übungen im Unterricht. Dass dies auch kreativ und spielerisch geschehen kann, wollen die folgenden Methoden vermitteln.

 ## ABC-Liste

| | |
|---|---|
| **Eignung:** | Sammlung von Ideen |
| | Annäherung an ein Themenfeld |
| **Alter:** | ab 10 Jahre |
| **Dauer:** | 45-90 Minuten |
| **Beschreibung:** | In einer leeren ABC-Liste können die Sch. alles eintragen, was ihnen zu dem angesagten Thema (z.B. Mein Leben, Partnerschaft, Kirche, Religion) einfällt. Das können Begriffe und Ausdrücke sein, die mit dem entsprechenden Buchstaben beginnen. Dies kann in Gruppen- oder Einzelarbeit geschehen. Anschließend werden die Ergebnisse verglichen und die wichtigsten an der Tafel notiert. |
| **Hinweis:** | Es ist sinnvoll, nicht über alle Begriffe zu reden, da ansonsten nach einiger Zeit Langeweile aufkommen kann. |
| **Variante:** | • Einzelne Gruppen erstellen die Liste unter verschiedenen Aufgabenstellungen (1. Positive Sichtweisen 2. Negative Sichtweisen/1. Pro 2. Contra). |
| | • Es werden DIN-A4-Blätter vorbereitet, auf denen jeweils ein Buchstabe des Alphabets steht. Sie werden im Klassenraum ausgelegt und jeder kann zum entsprechenden Thema seine Stichworte darauf schreiben. |
| | • Die einzelnen Buchstaben eines Begriffes werden untereinander geschrieben. Zu jedem Buchstaben soll ein Wort gefunden werden, das den Begriff näher erläutert (z.B.: Angst, Anteilnahme, Nähe, Gewalt, Sehnsucht, Therapie). |

**Thema:**

A

B

C

D

E

F

G

H

I

J

K

L

M

N

O

P

Q

R

S

T

U

V

W

X

Y

Z

# Hitparade

| | |
|---|---|
| **Eignung:** | Lernen, eigene Prioritäten zu setzen |
| | Verdeutlicht Einstellungen zu einem Thema |
| | Einstieg in eine thematische Diskussion |
| **Alter:** | ab 8 Jahre |
| **Dauer:** | 45-90 Minuten |

**Beschreibung:** Zu einem Thema werden einzelne Begriffe oder Aussagen aufgelistet. Diese können vorgegeben oder von den Sch. selbst erarbeitet werden (z.B. mit Hilfe der ABC-Liste). Die Aufgabe für die einzelnen Sch. besteht darin, eine persönliche Prioritätenliste zu erstellen. Die Antwort, die man persönlich am wichtigsten bewertet, erhält die Zahl 1, die zweitwichtigste Antwort die Zahl 2 usw. Anschließend werden die einzelnen Werte abgefragt und in eine Gruppen-Bewertungs-Liste übertragen. Alle gegebenen Punkte werden addiert. Das ergibt für jede Antwortmöglichkeit eine Summe. Dabei erhält die niedrigste Summe den Rangplatz 1. So entsteht eine Art Hitparade, in der z.B. die beliebtesten Freizeitbeschäftigungen, die größten Ängste oder aber die wichtigsten Argumente für den Religionsunterricht Platz finden können.

**Hinweis:**
- Die Prioritätenskala sollte nicht zu umfangreich sein, Werte von 1- 8 erscheinen dabei als überschaubar und sinnvoll.
- Fehlende Punkte können ergänzt werden.

**Variante:**
- Es können zwei Chartlisten entstehen (z.B. 1. Die wichtigsten Werte 2. Die unwichtigsten Werte).
- Es werden keine Prioritäten gesetzt (z.B. die fünf wichtigsten Aussagen). Die Rangfolge ergibt sich erst bei der Gesamtauswertung.
- Nach Art der Fernseh-Hitparaden führt ein Moderator durch die »Sendung«. Assistenten und Assistentinnen sind behilflich bei der Austeilung und Auswertung der Stimmzettel.

- Kleingruppen haben die Aufgabe, Prioritätenlisten zu erstellen. Die unwichtigsten Aussagen werden gestrichen, die verbleibenden werden in eine Rangfolge gebracht. Die Ergebnsse werden im Plenum vorgestellt und begründet.

Erstelle eine Prioritätenliste! (1-8)

| Gruppen-Hitparade | Persönliche Hitparade | | |
|---|---|---|---|
| ❏ | ❏ | A | ................................................... |
| ❏ | ❏ | B | ................................................... |
| ❏ | ❏ | C | ................................................... |
| ❏ | ❏ | D | ................................................... |
| ❏ | ❏ | E | ................................................... |
| ❏ | ❏ | F | ................................................... |
| ❏ | ❏ | G | ................................................... |
| ❏ | ❏ | H | ................................................... |
| ❏ | ❏ | I | ................................................... |
| ❏ | ❏ | J | ................................................... |
| ❏ | ❏ | K | ................................................... |
| ❏ | ❏ | L | ................................................... |
| ❏ | ❏ | M | ................................................... |
| ❏ | ❏ | N | ................................................... |
| ❏ | ❏ | O | ................................................... |
| ❏ | ❏ | P | ................................................... |
| ❏ | ❏ | Q | ................................................... |
| ❏ | ❏ | R | ................................................... |
| ❏ | ❏ | S | ................................................... |
| ❏ | ❏ | T | ................................................... |
| ❏ | ❏ | U | ................................................... |

# Spiele zur Gruppenbildung

## Puzzle

| | |
|---|---|
| Eignung: | Förderung der Koordination |
| | Auf Mitschüler zugehen |
| Alter: | ab 6 Jahre |
| Dauer: | 5-10 Minuten |
| Beschreibung: | Mehrere Bilder (Fotos, Zeichnungen) werden jeweils zu einem Puzzle zerschnitten und in einem Behälter gemischt. Jeder nimmt sich ein Puzzleteil. Nun können sich die Sch. auf die Suche machen nach Mitschülern, deren Puzzleteil ebenfalls zu dem gleichen Motiv gehört. Dies dauert so lange, bis alle Bilder fertig sind und die Gruppen zusammengefunden haben. |
| Hinweis: | Beim Ausschneiden der Puzzleteile ist darauf zu achten, dass so viele Teile wie Sch. vorhanden sind. |

## Tierlaute

| | |
|---|---|
| Beschreibung: | Die Lehrperson hat Zettel vorbereitet, auf denen verschiedene Tiernamen stehen. Die Sch. ziehen die Zettel, laufen im Raum herum und geben die typischen Tierlaute wieder. Die Tiere, die zusammengehören, müssen sich finden und bilden jeweils eine Gruppe. |
| Variante: | • Die Teilnehmer bleiben stumm und bewegen sich von der Stelle oder nehmen typische Haltungen des Tieres an, das sie spielen sollen. |
| | • Mit wenigen Strichen sind Gesichtsausdrücke auf den Blättern zu erkennen. Die Mimik auf den Zetteln muss man dann darstellen und so lange herumlaufen, bis man diejenigen mit dem gleichen Gesichtsausdruck gefunden hat. |

## Liedersalat

| | |
|---|---|
| **Beschreibung:** | Mehrere Lieder werden vorbereitet und die Titel auf Zettel geschrieben. Jeder zieht sich einen Zettel, geht im Raum herum und beginnt das Lied zu singen. Ein chaotischer Liedersalat beginnt. Jeder muss genau hinhören, wer dasselbe Lied singt. Nach und nach bilden sich die Gruppen. |
| **Hinweis:** | Die Lieder sollten bekannt sein. |
| **Variante:** | Das Lied wird gesummt. |

## Computerspiele

Wir leben in einem multimedialen Zeitalter. Der Computer hat in vielen Haushalten Einzug gehalten. Er wird nicht nur für schulische und berufliche Zwecke genutzt. Einen Großteil der Freizeit verbringen junge Menschen mit Spielen am Computer. Dabei gibt es die unterschiedlichsten Bereiche. Neben virtuellen Panzergefechts- und Flugsimulationen, Grafik-Adventures und Fantasy-Rollenspielen sind auch eine Reihe von wertvollen Lernspielen auf dem Markt, die durchaus auch im Unterricht eingesetzt werden können. Dabei werden Themen wie Gewalt, AIDS, Liebe und Freundschaft, aber auch Einführungen in die Welt der Bibel angeboten. Entsprechende Informationen sind in Fachzeitschriften bzw. direkt bei den Schulbuchverlagen erhältlich.

Da viele Schulen heute bereits über die technische Ausstattung verfügen, kann dieser Weg auch im Rahmen des Religionsunterrichts begangen werden.

Den L., die über einen Internetzugang verfügen, bietet sich dort eine reichhaltige Fundgrube an Unterrichtsmaterialien. Die Suchmaschinen sind dabei sehr hilfreich.

**Literaturhinweise:**

Kiebisch, Udo/Weyer, Dirk: Selbstwahrnehmung und Körpererfahrung. Interaktionsspiele und Infos für Jugendliche, Verlag an der Ruhr, Mülheim a.d. R. 1997
Neumüller, Gebhard (Hrsg.): Spielen im Religionsunterricht. Ein Praxisbuch für die Grundschule, Kösel-Verlag, München 1997
Schilling, Johannes: Methodenbuch Jugendarbeit, Bd. 1-2, Kösel-Verlag 1982/1985
Thömmes, Arthur: Fußspuren. Ein Selbsterfahrungsspiel für Jugendliche, Hrsg.: Deutscher Katecheten-Verein, München und Katechetisches Institut des Bistums Trier, 1994 (Bezugsadresse: Katechetisches Institut des Bistums Trier, Hinter dem Dom 1, 54290 Trier)
Vopel, Klaus W.: Interaktionsspiele, Teil 1-6, iskopress, Hamburg

# 7. Wege zur Mitte

## Stilleübungen im Religionsunterricht

Menschen, die meditieren, lenken ihren Blick von außen nach innen. Sie suchen ein Gegengewicht zur inneren und äußeren Unruhe. Entspannung, Stille und Meditation ermöglichen, innerlich ruhig zu werden und körperlich zu entspannen, in sich ruhen zu lernen und seine Mitte zu finden. Meditation vertieft und belebt das Verhältnis zu sich selbst, zum Leben, zu den Mitmenschen, zu Gott und zur Umwelt.

Stilleübungen verhelfen dem Kind zu innerem Gleichgewicht und schaffen eine lebendige und offene Unterrichtsatmosphäre. Sie bieten einen Ausgleich zum normalen Schulalltag und ermöglichen zentrale Lernerfahrungen im emotionalen Bereich.

Stille ist mehr als die Abwesenheit von Geräuschen. Wirkliche, von innen kommende Stille setzt die Bereitschaft voraus, sich darauf einzulassen. Die Konzentration auf sich selbst, das Loslassen und Geschehenlassen muss vorsichtig angegangen und gelernt werden. Die Schülerinnen und Schüler sollten nicht das Gefühl haben, dass sie unter Leistungsdruck stehen. Oft sind es die einfachen Übungen und Spiele, die dorthin führen. So verlangen die angebotenen Methoden von Lehrerinnen und Lehrern viel Geduld und Einfühlungsvermögen. Wichtig sind bei allen Übungen die Voraussetzungen: die Sitzordnung und Sitzhaltung, der Raum, die zeitlichen Gegebenheiten, die äußere und innere Ruhe. Die Schülerinnen und Schüler werden vom Lehrer bzw. der Lehrerin behutsam in die Welt der Stille und Meditation eingeführt und immer wieder ermutigt, sich darauf einzulassen.

Folgende Schritte können hilfreich sein:

- Die Schülerinnen und Schüle sitzen ruhig und entspannt (Auf die Körperhaltung achten!) und schließen die Augen.

- Eine Stille- und Wahrnehmungsübung führt zur Ruhe hin.

- Sie lassen das Bild, den Text oder Gegenstand auf sich wirken.

- Sie werden dazu angeregt, innere Bilder wahrzunehmen.

- Der Bezug zum eigenen Leben wird hergestellt.

# Hören

| | |
|---|---|
| **Eignung:** | Hinführung zu konzentriertem Hinhören<br>Sich auf die Stille einlassen |
| **Alter:** | Grundschule |
| **Dauer:** | wenige Minuten |
| **Beschreibung:** | Die Kinder werden eingeladen, die Augen zu schließen und still zu werden. Sie können die Geräusche, die drinnen und draußen zu hören sind, aufnehmen (Ticken der Uhr, das Rauschen des Heizkörpers, Lärm auf dem Flur, der Straßenverkehr, Vogelstimmen, lärmende Kinder).<br>Nach dem Öffnen der Augen erzählen die Kinder, was sie gehört haben. Vielleicht entstehen daraus sogar ganze Geschichten. |
| **Hinweis:** | Mögliche Klangkörper: Musikinstrumente (Xylophon, Glockenspiel, Triangel, ...), Körpergeräusche (klatschen, stampfen, schnalzen, patschen, klopfen, ...), Papier, Blätterrascheln, Stecknadel, Kreide |
| **Varianten:** | • Die Kinder können die Geräusche erraten.<br>• «Wir werden jetzt einen Ton (bzw. ein Geräusch) hören. Wir hören so lange hin, bis wir den Ton nicht mehr wahrnehmen können.» Die Kinder berichten anschließend, was sie gehört haben.<br>• Bei geöffnetem Fenster hören, was der Regen zu erzählen hat.<br>• Gegenstände fallen und erraten lassen.<br>• Die Kinder erhalten verschiedene Rhythmusinstrumente. Ein Kind gibt einen Rhythmus vor, alle anderen fallen der Reihe nach ein. Nach einigen Minuten wird die Musik wieder abgebaut, bis alles ganz still ist.<br>• Die Richtung erraten, aus der ein Geräusch kommt.<br>• Flüsterpost: Ein Schüler flüstert dem Nachbarn etwas ins Ohr. Der letzte Schüler sagt laut, was er gehört hat. |

- Die Sch. hören mit geschlossenen Augen leise Musik. Danach können sie das Gehörte in Worten oder in einem Bild ausdrücken.
- Ein Kind geht auf einem Instrument spielend durch den Raum. Die Übrigen deuten (mit geschlossenen Augen) in die Richtung, in der sie den Ton vermuten.

# Sehen

| | |
|---|---|
| Eignung: | Bewusstes und vertiefendes Sehen<br>Visuelle Wahrnehmung und Speicherung |
| Alter: | Grundschule |
| Dauer: | ca. 20 Minuten |
| Beschreibung: | Auf einem Tisch liegen mehrere Gegenstände. Die Sch. schauen diese einige Sekunden genau an. Dann werden sie mit einem Tuch zugedeckt. Die Kinder malen die Sachen, die sie behalten haben, auf ein Blatt. |
| Variante: | • »Ich sehe was, was du nicht siehst und das ist rot«.<br>• Aus dem Fenster schauen und beschreiben, was ich sehe.<br>• *Spiegelpantomime:* Die Kinder stellen sich paarweise gegenüber. Ein Partner macht langsame Bewegungen vor (Hände, Arme, Körper). Das gegenüberstehende Kind macht diese Bewegungen gleichzeitig, spiegelbildlich nach. |

 **Tasten**

| | |
|---|---|
| **Eignung:** | Den Tastsinn wahrnehmen |
| | Bewusstes Ertasten und Erfühlen der Umwelt |
| **Alter:** | Grundschule |
| **Dauer:** | ca. 20 Minuten |
| **Beschreibung:** | Die Kinder schließen die Augen. Jedes Kind erhält einen Gegenstand in die geöffnete Hand. »Tastet den Gegenstand mit Euren Fingerkuppen ab, streicht über ihn, legt ihn von einer Hand in die andere. ... Erzähle den anderen Kindern etwas über den Gegenstand, den du in deiner Hand hältst.« Im Anschluss an die Übung öffnen die Kinder die Augen, betrachten den Gegenstand in ihrer Hand und äußern ihre Empfindungen. |
| **Varianten:** | • Jedes Kind sucht sich einen Partner. Ein Kind schließt die Augen und wird von dem anderen durch den Klassenraum (oder die Schule) geführt. Sie bleiben vor bestimmten Gegenständen (Wand, Möbel, Fensterscheibe, Tafel) stehen, die von dem »blinden« Kind ertastet werden. Nach ca. 10 Minuten werden die Rollen getauscht. |
| | • Die Kinder ertasten Gegenstände, die in einem Sack versteckt sind. |
| | • Jedes Kind erhält einen Gegenstand aus der Natur (Blatt, Nuss, Rinde, Stein), den es ertasten soll. Wer will, kann seinen Naturgegenstand eine Geschichte erzählen lassen. |

# Wahrnehmungsübungen

Eignung: Üben, mit allen Sinnen wahrzunehmen
Alter: Grundschule
Dauer: ca. 15 Minuten
Beschreibung: Nach einer kurzen Phase der Stille mit geschlossenen Augen erhalten die Kinder ein Stück Obst in die Hand gelegt. Sie können es ertasten und riechen. Wer will, kann etwas von seinem Obst erzählen (»Mein Obst riecht nach ...«). Am Schluss können die Kinder ihr Obst aufessen. Nach dem Öffnen der Augen berichten die Kinder, was sie mit dem Obst, mit dem sie sich vertraut gemacht haben, schon alles erlebt haben (Traubenlese, Bauchschmerzen, ...).
Variante: Verschiedene Gegenstände werden im Kreis weitergegeben. Was habe ich mit meinen Sinnen wahrgenommen? Wie war es mit dem Empfangen und Weitergeben?

# Gewitterregen

Eignung: Förderung der Körperwahrnehmung
Bewegung
Auflockerung
Alter: ab 6 Jahre
Dauer: ca. 10 Minuten
Beschreibung: Jedes Kind sucht sich einen Partner. Ein Kind setzt sich auf einen Stuhl, das andere stellt sich dahinter. Das Kind, das steht, drückt die Phasen des Gewitters durch Berührung aus:
»Es ist ein warmer Sommertag. Wir wären froh, wenn uns eine kleine Abkühlung erfrischen könnte. Plötzlich fängt der Wind an, die Äste der Bäume in Bewegung zu versetzen (mit der Handfläche auf dem Rü-

cken des Vordermannes Kreise malen). Dann fallen die ersten Regentropfen (mit den Fingerspitzen zart auf den Rücken tippen). Der Regen wird stärker und heftiger (die Fingerspitzen bewegen sich schneller und stärker). Jetzt setzt ein Gewitter ein. Es donnert und blitzt (mit der Handfläche flach auf dem Rücken reiben und fester drücken). Nach und nach lässt das Gewitter nach und es wird ganz leise (entsprechende Bewegungen). Jetzt lauschen wir noch ein wenig der Stille.«

**Hinweis:** Die Lehrperson sollte die Übung einmal erklären und vormachen.

**Variante:** *»Der große Regen«:* Reiben der Finger/Reiben der Handflächen/Fingerschnalzen/auf die Oberschenkel schlagen/auf den Tisch trommeln/mit den Füßen auf den Boden trampeln/und rückwärts ...

# Atmen

**Eignung:** Bewusstes Atmen erfahren
Einüben einer Atemtechnik zur Entspannung

**Alter:** ab 8 Jahre

**Dauer:** 15 Minuten

**Beschreibung:** Das richtige Atmen wird nicht gemacht, sondern kommt und geht von selbst. Das Wichtigste beim Atmen ist also: den Atem geschehen lassen. Die folgenden Übungen wollen eine Hilfe sein, den eigenen Atem bewusst wahrzunehmen.
»Ich will euch etwas vom Atmen erzählen, wie man seinen Atem spüren und sich dadurch wohler fühlen kann. Setzt euch bequem hin.
Haltet eure Hand vor die Nase, atmet tief durch die Nase ein und durch die Nase aus (2 x wiederholen) ...
Haltet eure Hand vor den Mund und atmet tief durch die Nase ein und durch den Mund aus (2 x wiederholen) ...

Atmet ganz schnell ein und aus ...
Atmet ganz langsam ein und aus ...
Legt eure beiden Hände auf den Bauch, atmet durch die Nase tief ein und aus und spürt, wie sich euer Bauch hebt und senkt (2 x wiederholen) ...
Atmet jetzt ganz schnell ein und aus und spürt, wie sich euer Bauch ganz schnell hebt und senkt ... und atmet jetzt ganz langsam ein und aus und spürt, wie sich langsam euer Bauch hebt und senkt ... Atmet noch einige Minuten in aller Ruhe und öffnet dann behutsam die Augen«.

Hinweis:
- Die Atemübungen bilden eine Grundlage für viele andere Stilleübungen.
- Die Zwerchfellatmung ist die natürliche Atmung, die wir alle als Kinder hatten. Sie vermittelt Ruhe und Entspannung. Bei vielen ist sie durch die Brustatmung verdrängt, die ein Ausdruck des absichtlichen Wollens ist.

Varianten:
- *»Ballon aufblasen«:* Der Bauch ist unser Ballon, den wir mit beiden Händen umfassen. Wir blasen den Ballon auf, indem wir durch Mund und Nase einatmen. Wir haben es nicht geschafft, den Knoten richtig zuzumachen und die Luft fließt schnell wieder aus dem Ballon heraus.
- *»Windrädchen«:* ein Windrädchen langsam in Bewegung versetzen bzw. mit einem dünnen Luftstrahl das Rädchen möglichst lange in Bewegung halten.

Atemübungen können auch mit Beobachtungsaufgaben und Bewegungen verbunden sein. (»Stell dir vor, eine Feder schwebt über dir. Du lässt sie über deinem Kopf tanzen und bewegst dich hinter ihr her«).

## Spannung und Entspannung

| | |
|---|---|
| Eignung: | Den Körper bewusst wahrnehmen |
| | Abbau von Spannung und Angst |
| | Sensibilisierung für eigene Körpergefühle von Spannung und Entspannung |
| | Erfahrung des »Loslassens« |
| Alter: | ab 8 Jahre |
| Dauer: | 15 Minuten |
| Beschreibung: | Die Kinder schließen die Augen und bereiten sich auf die Körperübung vor. Auf Anweisung des Lehrers oder der Lehrerin werden einzelne Körperteile angespannt und wieder entspannt. Die folgende Reihenfolge kann eine Hilfe sein: |
| | Zehen, Waden, Oberschenkel, (auf beiden Seiten); Gesäß, Bauch, Brustkorb; Finger, ganze Hand, Unterarm, Oberarm (auf beiden Seiten); Schultern Unterkiefer, Augen, Stirn. |
| Hinweis: | Der Ablauf der Übung wird vorher genau erklärt. |
| Variante: | • »Pizzateig kneten«: wir kneten einen Teig, den wir uns vorstellen. |
| | • Einen Roboter bzw. einen Gummimenschen spielen. |
| | • Viele Belastungen lassen sich ausschütteln (Arme, Schultern, Beine). |

## Mandalas – die Mitte finden

| | |
|---|---|
| Eignung: | Einübung von Konzentration und Ruhe |
| | Die Mitte finden |
| Alter: | ab 6 Jahre |
| Dauer: | 45 Minuten |
| Beschreibung: | Das Wort »Mandala« kommt aus dem Altindischen und bedeutet »Kreis«. Es wurde im Laufe der Ge- |

schichte zum zentralen Meditationszeichen indischer Religionen. Aber auch die christliche Meditation und Kunst greift die vielfältige Symbolik dieser Zeichnungen auf. Das Mandala enthält bildhafte Elemente, konzentrische Kreise und Vielecke. Immer geht es um die Konzentration zur Mitte hin.

Es werden verschiedene Mandalas ausgelegt. Jeder Teilnehmer sucht sich *ein* Mandala aus. Bunte Stifte liegen bereit. Jeder kann sein Mandala so ausmalen, wie es ihm gerade in den Sinn kommt. Im Hintergrund kann Musik laufen. Man kann vereinbaren, dass Ruhe herrscht. Man kann aber auch zulassen, dass sich die Malenden unterhalten. Jeder konzentriert sich auf sein Bild. Das anschließende Gespräch zeigt häufig, dass die Maler nach und nach fast in das Bild hineingewachsen sind. Es wurde ein Stück von ihnen selbst.

Man kann das Mandalaausmalen zweckfrei einsetzen und sich an den Formen und bunten Bildern erfreuen. Es besteht aber auch die Möglichkeit, im Anschluss an das Ausmalen das Tun zu reflektieren. Die folgenden Fragestellungen können dabei eine Hilfe sein:

Wie erlebte ich mich beim Ausmalen des Mandalas? Wie wirkten die Formen des Bildes auf mich? Habe ich beim Ausmalen die vorgegebenen Formen auch farblich eingehalten oder habe ich gemalt, wie es mir gerade in den Sinn kam? Welche Farben habe ich ausgewählt? Habe ich außen oder innen mit dem Ausmalen begonnen? Wenn ich mein Mandala betrachte: Hat es etwas mit mir und meinem Leben zu tun?

Hinweis: Es kommt nicht darauf an, dass Kunstwerke entstehen. Es sollten Malstifte zur Verfügung stehen.

Varianten: • Das Mandalamalen kann in Einzel-, Partner- oder Gruppenarbeit geschehen. So können zwei Personen, die sich gut kennen, zusammen ein Mandala ausmalen und so eine neue Art der Kommunikation

256

einüben. Auch in Gruppen ein großes Mandala aus-
zumalen ist eine Form von Verständigung und fördert den Gruppenprozess.
- Mandalas meditieren
- selbst Mandalas herstellen
- eine Wandfläche mit einem Mandala versehen

# Phantasiereise

Eignung: Ruhe und Konzentration: sich auf innere Bilder und
Phantasien einlassen
Gefühlsmäßiger Zugang zu unterschiedlichen Themen
Zugang zu sich selbst: ein Beitrag zur Persönlichkeits-
förderung (Selbstvertrauen und Selbstwertgefühl)

Alter: ab 6 Jahre

Dauer: ca. 30 Minuten

Beschreibung: Bei einer Phantasiereise werden innere Bilder auf angebotene Vorstellungsinhalte übertragen.

### 1. Die Hinführung:
- entspannte Haltung, die Augen schließen, über den
Atem zur Ruhe kommen

### 2. Die Reise:
- gelenkte Reise in die Welt der Phantasie
- mögliche Themen und Bilder: Insel, Meer, Ballon,
Wiese, Wald, Strand, Baum
- ruhig und gleichmäßig sprechen und Pausen lassen
- Sinne des Sehens, Hörens, Spürens, Riechens und
Schmeckens ansprechen
- möglichst offene Aussagen, damit genügend Spiel-
raum für die Entfaltung eigener Bilder bleibt
- offene Fragen, die die Phantasie anregen, formulieren
- Text im Präsens
- positive Suggestionen

### 3. Der Abschluss:

- Verlassen der inneren Bilder und vorsichtiges Hinführen in die Realität
- Augen öffnen, sich strecken

### Die Auswertung:

- Angebot, die gemachten Erfahrungen auszudrücken

**Hinweis:**

- ~ Äußere Voraussetzungen schaffen: ruhiges Umfeld, angenehme Atmosphäre, leichte Verdunkelung des Raumes, meditative Musik;
- ~ keinerlei Zwang ausüben;
- ~ Einführung (evtl. eine eigene Stunde dazu verwenden): richtiges Sitzen (Liegen) und Atmen;
- ~ genügend Zeit;
- ~ die innere Bereitschaft, zur Ruhe zu kommen, sollte vorhanden sein;
- ~ die Lehrperson sollte zur Ruhe kommen und sich innerlich auf die Reise einstellen

**Variante:**

- ~ mit oder ohne Musik
- ~ im Liegen oder Sitzen
- ~ Die Sch. erfinden eigene Phantasiegeschichten
- ~ Beschränkung auf eine Szene aus dem eigenen Leben
- ~ Es wird ein Bild zur Phantasiereise gemalt

## 209 Wurzeln schlagen

**Eignung:** Sich erden
Den richtigen »Standpunkt« finden

**Alter:** ab 12 Jahre

**Dauer:** 10 Minuten

**Beschreibung:** Wir stehen in aufgerichteter Haltung, die Füße leicht nach außen angewinkelt. Die Augen sind geschlossen. Wir pendeln langsam nach vorn und hinten, nach links und rechts und schließlich im Kreis. Dabei bleiben die ganzen Füße (Ballen und Fersen) fest auf dem Boden. Nach und nach haben wir das Gefühl, fest im

Boden verwurzelt zu sein und den richtigen Standpunkt gefunden zu haben.

Hinweis: Es handelt sich hierbei nicht um eine Turnübung. Es geht um das Einpendeln, damit der richtige »Standpunkt« gefunden werden kann. Das sollte den Schülerinnen und Schülern vor Beginn der Übung genauer erklärt werden.

Variante: Die Übung wird von zwei Personen durchgeführt, wobei der eine den anderen ins Lot bringt.

## Bewusst gehen

Eignung: Bewusst das Gehen erleben
Alter: ab 12 Jahre
Dauer: 15 Minuten
Beschreibung: Mit Musik im Hintergrund gehen alle im Kreis. Es werden nach und nach unterschiedliche Arten des Gehens ausprobiert: gehen, schleichen, laufen, hüpfen, schlendern, nachdenklich gehen, fröhlich gehen, im Gänseschritt, usw.
Im Anschluss an die Übung werden die damit gemachten Empfindungen besprochen.

Hinweis: Während der Übung wird nicht gesprochen.
Variante: Es werden zu den einzelnen Übungen unterschiedliche Rhythmen und Melodien abgespielt.

## Sitzen

Eignung: Einüben der richtigen und entspannten Sitzhaltung
Alter: ab 12 Jahre
Dauer: 10 Minuten
Beschreibung: Beim Sitzen bilden Ohren, Schulter und Hüften eine Senkrechte – in der Leibmitte verankert. Auch hier spielt, wie beim Stehen, der richtige Schwerpunkt eine wichtige Rolle, und der liegt im Unterbauch.

Für den Anfänger kann es hilfreich sein, ein wenig ins Hohlkreuz zu gehen. Die Schultern sind gelöst, die Arme hängen schwer herab. Wir lassen ein wenig im Kreuz nach und pendeln uns nach und nach ein. Wir versuchen, uns einzupendeln auf die Mitte. Wir bewegen uns vor und zurück und im Kreis, bis wir den Punkt erreicht haben, auf dem die Bewegung von selbst stillsteht. Wir fühlen uns im Lot.

|               |                                                                 |
| ------------- | --------------------------------------------------------------- |
| Hinweis:      | Viele Sch. haben Erfahrungen mit Sitzübungen, die sie in der Krankengymnastik erlebt haben. |
| Variante:     | Sitzbälle können eine gute Hilfe zum Einüben des richtigen und entspannten Sitzens sein. |

## Die Ruhe bewahren

| Eignung:      | Stille und Ruhe geben Kraft |
| ------------- | --------------------------- |
| Alter:        | ab 6 Jahre |
| Dauer:        | 5 Minuten |
| Beschreibung: | Eine Unterrichtsstunde: Ich komme in eine Klasse und spüre, dass es sehr unruhig ist. Lautes Reden und Brüllen, Herumspringen, Boxen und Schlagen. Ich setze mich auf den Stuhl und beobachte das Treiben. Ich werde kaum wahrgenommen. Ich mache mir meine Gedanken. Was war vorher? Was will ich mit den Schülerinnen und Schülern unternehmen? Allmählich kehrt Ruhe ein. Ich mache den Vorschlag, dass sich alle ruhig auf die Plätze setzen und fünf Minuten absolute Ruhe bewahren. Wir konzentrieren uns auf das Jetzt und Hier. Wer will, kann die Augen schließen. Wir sammeln uns und bewahren die Ruhe. Denn: in der Ruhe liegt Kraft. Dann beginnen wir mit dem Unterricht. |
| Hinweis:      | Es gibt Klassen, in denen diese Übung zu einem festen Ritual geworden ist. |
| Variante:     | Die gleiche Übung wird am Ende der Stunde gemacht. |

## Literaturhinweise

Bellinghausen, Christine/Schwaller, Josef: Mandalas II. 30 neue Mandalas zum Ausmalen und Kopieren mit 10 unterrichtspraktischen Beispielen, Deutscher Katecheten-Verrein, München 1995

Brunner, Reinhard: Hörst du die Stille?, Kösel-Verlag, München 1991

Faus-Siehl, Gabriele, u.a.: Mit Kindern Stille entdecken, Diesterweg Verlag, Frankfurt 1990

Kreative Ruhe – Kreativer Unterricht. Wege zum ganzheitlichen Lernen und Erleben in der Schule. Übungen und Beispiele zur Förderung von Wahrnehmung, Stille, Entspannung und Imagination im Unterricht, Ministerium für Bildung, Wissenschaft und Weiterbildung, Mainz

Krombusch, Gerhard: Mit Kindern auf dem Weg in die Stille. Arbeitsbuch zur Musikkassette »Kommt mit zur Quelle«, Impulse-Musikverlag, Drensteinfurt 1992

Lenninger, Isolde: Entspannung und Konzentration. Grundlagen. Ruhe-, Atem- und Körperübungen. Praxishilfen für die Klassen 1 bis 4, Cornelsen Verlag, Berlin 1995

Maschwitz, Gerda und Rüdiger: Gemeinsam Stille entdecken. Übungen für Kinder und Erwachsene, Kösel-Verlag, München [2]1997

Maschwitz, Gerda und Rüdiger: Stille-Übungen mit Kindern. Ein Praxisbuch, Kösel-Verlag, München [6]1998

Müller, Doris: Phantasiereisen im Unterricht. Reihe Praxis Pädagogik, Westermann Verlag, Braunschweig 1995

Müller, Else: Auf der Silberstraße des Mondes. Autogenes Training mit Märchen zum Entspannen und Träumen, S. Fischer Verlag, Frankfurt 1994

Müller, Else: Du spürst unter deinen Füßen das Gras. Phantasie- und Märchenreisen, Fischer Taschenbuch Verlag, Frankfurt 1990

Müller, Else: Inseln der Ruhe. Ein neuer Weg zum Autogenen Training für Kinder und Erwachsene, Kösel-Verlag, München [5]1997

Praxisheft – Unruhige Kinder in der Grundschule. Was tun? Kinder zur Ruhe, Stille und Besinnung führen, Domino Verlag, München 1994

Thömmes, Arthur: 50 Mandalas zum Ausmalen und Meditieren, Katechetisches Institut des Bistums Trier, Trier 1994 (Bezugsadresse: Katechetisches Institut des Bistums Trier, Hinter dem Dom 1, 54290 Trier)

Vopel, Klaus: Kinder ohne Stress, iskopress, Hamburg 1993/94

# Hilfreiche Literatur
## »Methoden im Religionsunterricht«

Adam, Gottfried/Lachmann, Rainer (Hrsg.): Methodisches Kompendium für den Religionsunterricht, Vandernhoeck & Ruprecht, Göttingen 1993

Berg, Sigrid: Kreative Bibelarbeit in Gruppen. 16 Vorschläge, Kösel, München, und Calwer Verlag, Stuttgart [4]1998

Bruderer, Markus: RU kreativ. Methoden-Konzeptionen-Materialien für einen erfolgreichen Religionsunterricht, Deutscher Katecheten-Verein, München 1997

Grom, Bernhard: Methoden für Religionsunterricht, Jugendarbeit und Erwachsenenbildung, Patmos, Vandernhoeck & Ruprecht, Düsseldorf/Göttingen 1988

Gugel, Günther, Praxis politischer Bildungsarbeit. Methoden und Arbeitshilfen, Verein für Friedenspädagogik, Tübingen 1993

Herion, Horst: Methodische Aspekte des Religionsunterrichts, Auer, Donauwörth 1990

Kliemann, Peter: Impulse und Methoden. Anregungen für die Praxis des Religionsunterrichts, Calwer, Stuttgart 1997

Klippert, Heinz: Kommunikations-Training. Übungsbausteine für den Unterricht, Beltz Verlag, Weinheim und Basel 1995

Klippert, Heinz: Methodentraining. Übungsbausteine für den Unterricht, Beltz Verlag, Weinheim und Basel 1994

Kurz, Helmut: Methoden des Religionsunterrichts. Arbeitsformen und Beispiele, Kösel, München [4]1988

Meyer, Hilpert: Unterrichtsmethoden, 2 Bde., Cornelsen, Frankfurt a. M. 1987

Moll, Peter/Lieberherr, Hans: Unterrichten mit offenen Karten. 2 Bde., Theologischer Verlag, Zürich 1992

Pallach, Waldemar/Zopf, Dietmar: Methodix. 250 Übungen für den Unterrichtsalltag, Beltz Verlag, Weinheim und Basel 1995

Rendle, L., u.a.: Ganzheitliche Methoden im Religionsunterricht. Ein Praxisbuch, Kösel, München [2]1997

Schmid, Hans: Die Kunst des Unterrichtens. Ein praktischer Leitfaden für den Religionsunterricht, Kösel-Verlag, München 1997

# Für die Praxis

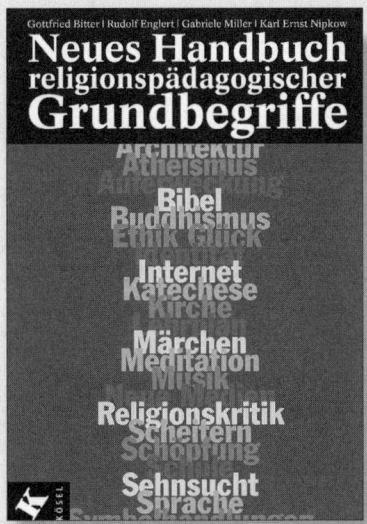

G. Bitter, R. Englert, G. Miller,
K.E. Nipkow (Hrsg.)
512 Seiten.
Gebundene Ausgabe:
ISBN 3-466-36598-8

Kartonierte Studienausgabe:
ISBN 3-466-36597-X

Mit dem völlig neu erarbeiteten Neuen Handbuch religionspädagogischer Grundbegriffe steht Studierenden wie Praktikern jetzt wieder ein umfassendes und modernes Nachschlagewerk zur Verfügung. Es trägt der Komplexität von Religion in unserer Kultur und Gesellschaft Rechnung und bietet für alle Felder religionspädagogischen Handelns grundlegende Orientierung: in Schule oder Gemeinde, in Jugendarbeit oder Erwachsenenbildung, in Studium, Aus- oder Fortbildung.

Renommierte Autorinnen und Autoren stehen für Aktualität, Praxisnähe und wissenschaftliche Zuverlässigkeit der Artikel. Wesentlich ist dabei die grundsätzlich ökumenische Ausrichtung.

## Kompetent & lebendig.
SPIRITUALITÄT & RELIGION

Kösel-Verlag, München, e-mail: info@koesel.de
Besuchen Sie uns im Internet: www.koesel.de